V&R

Karin Brose

Survival für Eltern

Wie Mütter und Väter die Schule überstehen

Vandenhoeck & Ruprecht

Bibliografische Information der Deutschen Nationalbibliothek

Die Deutsche Nationalbibliothek verzeichnet diese Publikation in der
Deutschen Nationalbibliografie; detaillierte bibliografische Daten sind
im Internet über http://dnb.d-nb.de abrufbar.

ISBN 978-3-525-61112-8

Weitere Ausgaben und Online-Angebote sind erhältlich unter: www.v-r.de

Umschlagabbildung: © TOBIAS, Raphael Bräsecke, Wil/Schweiz

© 2016, Vandenhoeck & Ruprecht GmbH & Co. KG, Theaterstraße 13, D-37073 Göttingen /
Vandenhoeck & Ruprecht LLC, Bristol, CT, U.S.A.
www.v-r.de
Satz: SchwabScantechnik, Göttingen
Druck und Bindung: ⊕ Hubert & Co GmbH & Co. KG,
Robert-Bosch-Breite 6, D-37079 Göttingen

Gedruckt auf alterungsbeständigem Papier.

Inhalt

II Unser Kind und die Schule

Vorwort

Lehrer haben vormittags recht und nachmittags frei. Der Trend geht zur Ganztagsschule – haben die dann nur noch recht?

Sie haben Kinder im schulpflichtigen Alter und suchen einen Ratgeber? Oder soll es ein Geschenk sein, aus besonderem Anlass? Was erhoffen Sie sich? So viele Fragen und noch mehr Antworten? Die Entscheidungs-Unsicherheit ist groß. Unser Instinkt, das Bauchgefühl ist dabei zu verkümmern. Eigentlich wissen wir, was richtig und was falsch ist. Aber einfach danach handeln? Bloß nicht! Wenn das schiefgeht! Lieber ein Buch lesen. Die Autorin wird es wissen, sonst hätte sie ja keinen Ratgeber geschrieben. Man kennt sie ja, ist schließlich Expertin. – Scherz!

Lehrer zu diskreditieren ist unheimlich in, obwohl auf Nachfrage kaum einer mit ihnen tauschen möchte.

Die Schülerklientel wandelt sich, wie sich die Gesellschaft verändert, in der Schüler und Schülerinnen leben. Tugenden wie Ehrlichkeit, Höflichkeit, Fleiß, Pünktlichkeit sind heute wichtiger denn je. Leider kennen Sie und ich wahrscheinlich zahlreiche Beispiele, wo Kindern das nicht vermittelt wird. Junge Menschen, die ohne Abschluss die Schule verlassen, die sich distanzlos selbst für das Maß der Dinge halten, die Pünktlichkeit nicht kennen, haben in unserer Gesellschaft weniger Chancen. Wer den Wert dieser Tugenden, den Wert von Bildung und Wissen, nicht begreift, hat es schwer.

Was Eltern zum Thema »Schule« wissen möchten, könnte unterschiedlicher nicht sein. Viele Fragen lassen sich beantworten. Wie es in der Realität dann läuft, kann leider niemand vorhersagen. Überall, wo Menschen miteinander zu tun haben, bestimmen Zufall, Chemie und sogar Glück, ob das Miteinander gelingt. Bekommt Ihr Kind die hochmotivierte, verständnisvoll strenge, von Schülern geliebte Pädagogin als Klassenlehrerin, können Sie von Glück sprechen. Wahrscheinlich liegen unkomplizierte Schuljahre mit regem Austausch und freundlichem Miteinander vor Ihnen. Wird Ihr Nachwuchs dem als launisch bekannten Pädagogen zugeteilt, der sich dazu noch regelmäßig Auszeiten nimmt, ist das schon zu Beginn ein Dämpfer. Obwohl ich immer zu gegenseitiger Achtung und Höflichkeit rate, möchte ich hier betonen, dass Sie sich wehren dürfen. Schule ist ein Dienstleister. Wenn sie nicht liefert, was Sie als Eltern für Ihr Kind erwarten dürfen, haben Sie das Recht und sogar die Pflicht, das einzufordern. »Faule Säcke«, wie sie einst ein Bundeskanzler nannte, kann sich heute keine Schule leisten. Darum seien Sie wachsam, denn es gibt sie, die Grundschullehrerin, die Klassenarbeiten zwei Monate lang nicht korrigiert und auch dann erst auf Drängen zurückgibt. Es gibt ihn, den Mathematiklehrer, der fotokopierte Arbeitsblätter aus dem Mathe-Fundus mit der Anmerkung »das müsst ihr können« verteilt und sich dann an den Computer setzt, um bei ebay einzukaufen. Es gibt sie, die Kunstlehrerin, die behauptet, Kunst dürfe nicht schön sein, die das Bild des Schülers danach bewertet und zu dem Urteil kommt »das ist falsch«. Wenn Sie gegen solches Verhalten vorgehen, vergessen Sie trotzdem nicht, dass Sie im Unterricht nicht dabei waren und die meisten Vorwürfe nur vom Hörensagen kennen. Sichern Sie ab, dass die Fakten stimmen, bevor Sie Anklage erheben. Lehrer haben einen Job, um den sie heute die wenigsten beneiden. Sie können das vielleicht verstehen, denn Sie kennen ihr Kind und seine Freunde …

Dennoch hat jeder Schüler das Recht auf guten Unterricht, faire Behandlung und zeitnahe Korrektur seiner Klausuren.

Sie haben dieses Buch zur Hand genommen, weil Sie Informationen suchen. Ich hoffe, dass Sie fündig werden.

Sollten Ihre Fragen nicht dabei sein, dürfen Sie jederzeit Kontakt aufnehmen: k.brose@gmx.net.

1 Wir Eltern und die Schule

1. Sind Sie ein Spitzfindling?

Aus eigener Erfahrung haben Sie deutliche Vorbehalte, was das Thema Schule angeht? Sie stehen Lehrern grundsätzlich kritisch gegenüber? Dann bedenken Sie bitte, dass Erfahrungen und Vorurteile nicht nur das Denken, sondern auch Haltung und Körpersprache bestimmen.

Bevor Sie also ein Lehrinstitut mit Kritik konfrontieren oder sich in die Höhle des Löwen begeben und zum Gespräch anmelden, werden Sie sich bitte darüber klar, was ihr Anliegen ist und wie Sie einen positiven Ausgang erreichen können. Seien Sie sich Ihrer Wirkung bewusst. Hinterfragen Sie Ihre persönliche Haltung. Erinnern Sie sich an vergangene Gespräche …

Stellen Sie sich vor, dass ein Laie Sie in Ihrem Business kritisiert. Denken Sie nicht auch »Moment mal! Ich bin hier der Fachmann, was erlaubt der sich?«

Würden Sie Ihrer Autowerkstatt vorschreiben wollen, wie sie Ihren Wagen zu reparieren hat?

Niemand würde sich erdreisten, einem Arzt in eine OP hineinzureden. Warum glauben so manche Eltern, das sei bei Lehrern anders?

Vertrauen Sie erst einmal darauf, dass Lehrkräfte ihr Metier verstehen. Es ist ihr Job, Schülern etwas beizubringen. Freuen Sie sich, wenn Ihr Kind lesen, schreiben, rechnen oder philosophische Ansätze lernt. Seien Sie zufrieden, wenn es Erfolg darin hat. Sie müssen und können nicht alles verstehen, was in der Schule abläuft. Detailfragen, z.B. nach der Methodik, mögen interessant klingen, erübrigen sich jedoch meist, denn für Sie und Ihren Nachwuchs ist es nicht wirklich von Bedeutung, wie eine Methode heißt, nach der etwas vermittelt wird. Einzig ausschlaggebend ist doch, dass diese positive Folgen hat, sprich, dass das Kind versteht, was es verstehen muss.

> Ein Kollege hat an spitzfindigen Elternfragen sein Vergnügen. »Nach welcher Methode vermitteln Sie denn die Binomischen Formeln, Herr B.?« »Ich unterrichte nach der Gradarius-Patiens-Methode (Er erfindet ständig neue Namen!). Die ist Ihnen als interessiertem Elternteil natürlich vertraut. Daher werden Sie mir zustimmen, dass diese Methode für Ihre Kinder zu diesem Zeitpunkt die effizienteste ist, um Mathematik zu verstehen. – Oder sind Sie anderer Ansicht?« – Spitzfindlinge geben nie zu, dass sie diese Methode womöglich nicht kennen.

Verstehen Sie mich nicht falsch. Es ist Ihr gutes Recht alles zu erfragen, was Ihnen wissenswert erscheint. Sie werden jedoch die Schulzeit Ihrer Kinder ruhiger und auch zufriedener überstehen, wenn Sie akzeptieren, dass Schule auch läuft, ohne dass Sie alle Details kennen. Vertrauen heißt das Zauberwort – erst einmal und grundsätzlich.

Für den Fall, dass es sich ausgezaubert hat, finden Sie in diesem Buch eine Vielzahl von Ratschlägen.

2. Welche Schule für mein Kind?

»Von der Y-Schule erfährt man ja wenig Gutes!«

»Habe ich auch schon gehört, aber die X-Schule soll gut sein.« – »Na ja, ob man das glauben kann?« – »Ich weiß auch nicht..« – Und nun? All diese Gerüchte verunsichern. Wahrscheinlich treffen die meisten nicht zu.

Sie fragen sich, an welcher Schule Sie Ihr Kind anmelden sollen?

Für die Anmeldung von Erstklässlern gilt für die meisten Eltern »kurze Beine, kurze Wege«. Kinder sollen möglichst eine Schule in ihrem Wohngebiet besuchen. Das hat mehrere Gründe. Einer der wichtigsten ist, dass dort die soziale Anbindung vorhanden ist. Freunde oder Kinder, die sich kennen, die draußen zusammen spielen, bringen einen gewachsenen Zusammenhalt in ihre Schulklasse. Auch was die Freizeit Ihres Kindes betrifft, ist die Zugehörigkeit zu einer Schule am Wohnort meist hilfreich. Soziale Anbindung schafft Stabilität für das Befinden der Kinder. Ist die Frage der Schulwahl damit schon beantwortet?

Eltern, die Prioritäten setzen, erleben in dieser Hinsicht wenig Unsicherheit. Die Konfessionsschule, eine Rudolph-Steiner-Schule oder eine Internationale Lehranstalt, etwas anderes kommt für sie nicht in Frage. Eltern mit besonderem Anspruchsverhalten überlegen genau, ob sie ihrem Kind die Grundschule nebenan zumuten sollen – oder sie melden es vielleicht gerade wegen der sozialen und kulturellen Vielfalt dort an.

Oft ist es auch eine wirtschaftliche Entscheidung. Wenn das Budget kein Schulgeld hergibt, fallen Privatschulen von vornherein weg. Der Mehrzahl der Eltern stellt sich die Frage der Schulwahl nicht in dieser Form, denn für sie zählen ganz praktische Gründe. Wie weit ist der Schulweg? Gibt es einen Hort? Berufstätige Eltern, die morgens früh aus dem Haus müssen, brauchen in der gewählten Schule einen verlässlichen Partner in ihrer Nähe.

Haben Sie bei der Suche nach einer Schule für Ihr Kind vorerst die Grundschulzeit im Auge oder denken Sie schon weiter? Eltern, die unnötige Schulwechsel vermeiden wollen, schauen bei der Anmeldung nach Schulen, die Grundschule, Sekundarstufe I und II an einem Ort anbieten.

Bis hierher ist die Wahl der Schule noch verhältnismäßig einfach.

Stehen Sie nach Klasse 4 vor der Entscheidung, Ihr Kind in die »richtige« Schule umzuschulen? Dann fragen Sie sich und die unterrichtenden Lehrkräfte sehr genau, ob es ihm zuzumuten und zuzutrauen ist, den Anforderungen eines Gymnasiums gerecht zu werden.

- Reichen die Sprachkenntnisse schon aus, um auch kompliziertere Texte zu verstehen?
- Kann das Kind selbstständig arbeiten oder müssen Sie daneben sitzen, damit es etwas tut?
- Hat es eine rasche Auffassungsgabe?
- Ist es diszipliniert genug, seine Aufgaben zu erledigen?
- Ist Ihr Kind zu diesem Zeitpunkt belastbar genug, um dem Lerntempo eines Gymnasiums folgen zu können?

Wenn Sie bei der Beantwortung dieser Fragen zögern oder die Augen verdrehen, weil Sie Ihre Tochter Milli an ihrem Schreibtisch sitzen und mit dem Mobilphone spielen sehen, statt Hausaufgaben zu machen, ist die Entscheidung schon klar. Manches Kind braucht einfach noch mehr Zeit, sich zu entwickeln, manches braucht immer etwas länger als die anderen.

Adrian ist ein intelligenter und aufgeweckter Junge. Er könnte den Anforderungen eines Gymnasiums locker genügen, wenn er nicht ständig abgelenkt und unkonzentriert wäre. Adrian schafft deshalb nicht die Hälfte dessen, was seine Mitschüler im Unterricht bewältigen. Oft schaut er in die Luft, hat den Faden verloren und fragt: »Was sollen wir machen?« Klassenarbeiten verhaut er, weil er nicht aufgepasst oder den falschen Stoff vorbereitet hat.

In solchen Fällen sollten Sie sich eher für den längeren Weg (13 statt 12 Schuljahre) an einer Stadtteilschule (Hamburg), Regionalschule (Schleswig-Holstein), Oberschule (Niedersachsen), Gemeinschaftsschule (Baden-Württemberg) entscheiden. An diesen Schulen herrscht normalerweise ein gemäßigteres Lerntempo, was Schülern wie Adrian entgegenkommt. Jungen liegen häufig gegenüber Mädchen ein wenig in der Entwicklung zurück. Wahrscheinlich hat Adrian seinen Rückstand nach zwei Jahren aufgeholt und zieht dann locker an den meisten seiner Mitschüler vorbei. Dann ist ein Quereinstieg oder spätestens der Übergang ins Gymnasium nach Klasse 10 möglich.

Immer gibt es Eltern, die sich nicht auf die Schullaufbahnempfehlung der Grundschule verlassen wollen. In einigen Fällen zu Recht, wenn man der unterrichtenden Lehrkraft die nötige Kompetenz absprechen muss, Kinder richtig beurteilen zu können. Leider gibt es, wie in jedem anderen Beruf, auch im Lehramt Personen ohne Menschenkenntnis oder mit wenig pädagogischem Geschick.

Die Vorgehensweise ist für diese Fälle vom jeweiligen Bundesland abhängig. Es haben schon Familien den Wohnort gewechselt, damit ihre Kinder ohne Empfehlung der Schule ein Gymnasium besuchen konnten. In den meisten Fällen ist die Schullaufbahnempfehlung aber gut begründet.

Man kann davon ausgehen, dass Umgebung prägt. So glauben manche Eltern, dass die Heterogenität und Umgangssprache der

Schülerschaft einer Gemeinschaftsschule sich womöglich negativ auf die Entwicklung ihres Kindes auswirken könnte. Abhängig vom Einzugsgebiet der Schule kann das vorkommen. Ich fürchte aber, dass es für diese Eltern auch an manchem Gymnasium ein böses Erwachen gäbe. Deshalb ist es so wichtig, dass Sie sich frühzeitig und gründlich über die Schulen, die für Ihr Kind in Frage kommen, informieren. Was Sie wissen sollten:

Nicht in allen Bundesländern führen am Gymnasium zwölf Jahre zum Abitur. Einige, wie z.B. Niedersachsen und Rheinland-Pfalz, sind zu 13 Jahren zurückgegangen.

In manchen Bundesländern hat man die Wahl, nach G8 oder G9 das Abitur zu machen. Auskunft bekommen Sie in den Schulen, der Schulbehörde oder dem Kultusministerium. In jedem Fall empfehle ich eine enge Zusammenarbeit mit den unterrichtenden Lehrkräften.

Manche Eltern planen bei der Einschulung bereits das Abitur ihres Sprösslings. Davon rate ich ab. Begleiten Sie das Jetzt intensiv, verlieren Sie die Zukunft dabei nicht aus den Augen, aber verspannen Sie sich nicht! Sie können vor Überraschungen seitens Ihres Nachwuchses nicht sicher sein!

Letztlich ist die Schulwahl wohl in keinem Bundesland eine Sackgasse. Sollte sich herausstellen, dass Sie sich für ihr Kind doch falsch entschieden haben, wird es garantiert einen Weg geben.

→ Zum Thema »Schulwahl« s. auch I.7 *Was dürfen Eltern? – Was müssen Eltern?*

3. Erster Schultag – Was gehört in die Schultüte?

Wer schon in einer Vorschulklasse war, hat die Einschulung und den »ersten Schultag« lange hinter sich. Dennoch ist Vorschule deutlich etwas anderes als »richtige Schule«. Deshalb sollten Sie Ihrem Kind den Meilenstein »Einschulung« in seinem Leben gönnen. Es ist nun nämlich nicht mehr klein, es ist ein Schulkind. Wie es auch das Jahr vor der Einschulung verbracht hat, den Eintritt in die erste Klasse sollten Sie gebührend feiern. Ein neuer Lebensabschnitt beginnt – für alle Beteiligten.

Grundschulen sind bundesweit unterschiedlich geregelt. Es gibt »verlässliche Halbtagsschulen«, wo der Unterricht bis mittags 13 Uhr geht und Hausaufgaben üblich sind. Kinder berufstätiger Eltern gehen danach meist in den Hort. Die Alternative sind rhythmisierte Ganztagsschulen. Hier gehen die Schüler erst zwischen 16 und 17 Uhr heim und bekommen auch Mittagessen. Ein Rechtsanspruch auf einen Ganztagsschulplatz besteht in Deutschland nicht.

Ein Kind freut sich auf seinen ersten Schultag und ist meist recht aufgeregt, zumal, wenn es nicht in der Vorschule am gleichen Ort war. Bevor es losgeht, müssen allerlei Dinge erledigt werden.

Welcher Schulranzen soll es sein? Was müssen Sie als Eltern bedenken? In Deutschland gibt es DIN-Normen für Ranzen, die Größe, Gewicht und angebrachte Reflektoren vorschreiben, die der Sicherheit des Kindes dienen.

Einen Ranzen kauft man im Fachgeschäft. Dort wird man fachmännisch beraten, so dass er genau zum Kind passt. Breite Tragegurte, sichere Verschlüsse, fester Rücken und geringes Eigengewicht (bis 1200 g) sind wichtig. Zweitrangig für Eltern, jedoch nicht für Kinder, ist das Design; dem Kind muss es gefallen, denn der Ranzen soll ja mehrere Jahre getragen werden. Info bekommen Sie z.B. hier: http://www.netmoms.de/magazin/kinder/einschulung/erster-schultag-was-nicht-fehlen-sollte/.

>>Ich will aber keine Äpfel!<< – >>Äpfel?<< – >>Britta hat in ihrer Schultüte Äpfel gehabt. Das fand die ganz doof. Da passte fast gar nichts anderes mehr rein.<< – >>Verstehe.<<

Zur Einschulung ist die Schultüte für jedes Kind eine spannende Sache.

Die erste Frage, die sich stellt, ist >>kaufen oder selbst machen<<. Da das Angebot riesig ist, werden die meisten Eltern dazu neigen, die Tüte zu erwerben. Womit sie bedruckt und verziert ist, richtet sich nach dem Geschmack des Kindes. Einem >>Miss Kitty<<-Fan wird Mama keine Schultüte mit Bärchen drauf schenken. Dementsprechend werden auch die kleinen Geschenke, die hineinkommen, ausgesucht. Seien Sie nicht allzu vernünftig, was die Auswahl der Süßigkeiten betrifft, die unbedingt auch hineingehören. Zu diesem einen Anlass sollte jedes noch so gesund ernährte Kind einmal über die Stränge schlagen dürfen. Geben Sie acht auf das Gewicht der Tüte. Meist sind die größeren 70 cm lang. Das kann schwer werden, wenn so eine Tüte ganz vollgefüllt ist, so dass das Kind das gute Stück nicht lange allein tragen kann. Sollte es aber, denn Mutti und Vati werden ja nicht eingeschult. Wie lässt sich das regeln?

Die ersten Schultüten, auch Zuckertüten, sollen zu Beginn des 19. Jahrhunderts aufgetaucht sein, um den Kindern die Einschulung zu versüßen. Was den Inhalt angeht, dürfte er sich vom heutigen doch deutlich unterschieden haben.

Sie müssen nicht alles hineingeben, was Sie Ihrem Kind gern zu diesem Anlass schenken wollen. Statt des Geschenkes selbst, das später zu Haus übergeben wird, wandert vielleicht nur ein

Bildchen davon in die Tüte. Und Obst bekommt der Schultüte in der Tat ganz schlecht, abgesehen davon, dass es gemein viel Raum einnimmt!

Das Material, das Ihr Kind benötigen wird, gehört nicht unbedingt in die Schultüte.

Vor dem ersten Schultag halten viele Schulen schon das erste Elterntreffen ab. Hier erfahren Sie, welches Equipment ihr Kind zum Schulbeginn benötigt. Nehmen sie die Wünsche der Lehrkraft nach festgelegten Farben für Mappen und Heftumschläge bitte ernst. Sie werden dieses im ersten Moment vielleicht kleinkariert anmutende Ansinnen noch zu schätzen lernen. Wenn Heft- und Buchumschläge z.B. für Mathe blau, für Deutsch gelb und Englisch rot sind, hat es der Erstklässler viel leichter, zu finden, was er braucht. Und seine Eltern auch!

4. Was macht eine gute Schule aus?

Ankommen und sich wohlfühlen = gute Schule. Eine einleuchtende Formel. Sie denken, das gibt es nicht? Und ob! Wenn in einer Schule ein guter Geist wohnt, merkt man das sofort.

Die Eingangshalle ist sauber. Gestaltung und Farbgebung sind ansprechend. Schilder helfen dem Besucher, sein Ziel zu finden. Im Sekretariat behandelt man Sie freundlich. Schüler grüßen oder sehen zumindest zufrieden aus. Der Umgangston ist angenehm.

Sie denken, das sei zu wenig? Es käme doch wohl mehr auf die richtige Didaktik, viel Lehrerfortbildung, kleine Klassen und die Computer-Ausstattung an? – Forscher sagen etwas anderes. Sie fanden heraus, dass für Schulen genau wie für Konzerne und Firmen die Leitung besonders wichtig ist. Je besser eine Schule geführt ist, desto besser entwickeln sich auch die Leistungen der Schüler. Gutes Schulmanagement ist »People Management«, also die Auswahl von und der Umgang mit Lehrern. In solchen Schulen werden gute Lehrer gefördert und belohnt, schlechte gefordert oder womöglich entlassen. Hier versucht man, für qualifizierte Bewerber interessant zu sein.

Fast ebenso wichtig ist die Zielsetzung – »Target Setting« und dass diese transparent kommuniziert und verfolgt wird.

Eine gute Schule hat also das Wohl ihrer Schüler und ihres Kollegiums im Fokus. Die Schüler fühlen sich gut aufgehoben. Lehrer nehmen sich Zeit und hören zu. Das Klima wird geprägt von achtungsvollem Miteinander.

Das ist nichts anderes als gelebtes WIR, an dem alle Beteiligten einer Schule jeden Tag aufs Neue arbeiten.

Wenn eine Lehranstalt sich nicht in täglich neuen Grabenkämpfen durch ihren Unterrichtsalltag schlägt, sondern sich ein

Fundament schafft, indem sie ihre Energie von Beginn an in die Arbeit am Zusammengehörigkeitsgefühl ihrer Schüler und Lehrer investiert, dann ist sie eine gute Schule. Nach meiner Erfahrung lohnt es, sich intensiv um die Entwicklung gegenseitiger Achtung und Akzeptanz zu bemühen. Je besser das Unterrichtsklima wird, desto mehr nutzbare Zeit ergibt sich für die Erarbeitung von Unterrichtsinhalten.

Lehrer haben es in der Hand, ob ihre Schüler sich in der Schule als Einzelkämpfer empfinden oder sich als Teil einer Gruppe Gleichgesinnter wohlfühlen. Immer wieder stoßen sie im Unterrichtsalltag auf Situationen, in denen Egoismus und Egozentrik der Schüler gute Ergebnisse verzögern oder sogar verhindern. Dem müssen sie engagiert begegnen.

Auch Sie als Eltern machen Ihrem Kind deutlich, dass Sie Leistung von ihm erwarten. Genauso wichtig ist Ihnen jedoch sein Verhalten. Sie legen großes Gewicht auf Werte. Deshalb erklären Sie, warum Dilettantismus und Halb-Können, wie es manche Casting Shows im Fernsehen zeigen, meist wenig Zukunft haben. Machen Sie Ihrem Kind auch klar, dass sich die Welt nicht um seinen Bauchnabel dreht. Es ist in der Schule Teil einer Klasse. Da ist auch Teamgeist gefragt.

Von der Führungsqualität der Lehrer hängt es dann ab, den Schülern zu suggerieren, dass sie zu besseren Lösungen kommen, wenn sie an einem Strang ziehen. An ihrem Geschick liegt es, den Schülern die Notwendigkeit langweiliger Inhalte plausibel zu machen. Ein »Gemeinsam schaffen wir auch das!« macht Schülern klar, dass der Einsatz jedes Einzelnen zum Erfolg aller wird.

»Einer für alle, alle für einen« – Kinder, die diesen Gedanken von zu Hause kennen, haben es in der Klassengemeinschaft leichter.

Wenn es der Mehrzahl der Lehrkräfte einer Schule gelingt, aus ihren Klassen ein WIR zu formen, auch mithilfe von Suggestion und sogar mit positiver Manipulation, wird sich das förderlich auf den gesamten Schulgeist auswirken. – Das hört sich für Sie merkwürdig an? Sie halten Manipulation für grundsätzlich negativ besetzt?

Da schon eine geschickte Suggestion manipulativen Charakter hat, stelle ich mir als Pädagogin die Frage, wie ich Motivation oder Verhaltensänderung zum Positiven bei meinen Schülern bewirken kann. Je nach Alter der Zielgruppe oder Person erzähle ich Geschichten. Interessant müssen sie sein oder lustig, in jedem Fall zielgruppenspezifisch, wenn sie Erfolg haben sollen. Da Sie und ich als Erziehende uns bewusst sind, was wir erreichen möchten, ist da nicht schon unsere Absicht Manipulation? Beim Neurolinguistischen Programmieren geht man davon aus, dass jegliche Kommunikation in ihrer Ausprägung auch unterschiedlich starke Manipulation ist. Die besteht schon darin, dass ich meine Schüler zum Zuhören bewege. Ich will meine pädagogische Absicht durchsetzen. Deshalb ist Manipulation für mich notwendige Beeinflussung und damit legitim und nötig. Von Menschen, die so etwas ausnutzen, wollen wir an anderer Stelle sprechen. In diesem Buch geht es um Sie als Eltern und Erziehende, die nur das Beste für Ihre Kinder wollen.

Wenn Sie also auf der Suche nach einer guten Schule für Ihr Kind sind, vergleichen Sie. Besuchen Sie Schulen in den Pausen, hören und schauen Sie genau hin. Fragen Sie gezielt nach der Personalführung. Versuchen Sie, im Unterricht zu hospitieren. Besuchen Sie den Tag der Offenen Tür. Dieser Info-Tag liegt meist in der Vorweihnachtszeit oder gleich im Januar eines Jahres. Beurteilen Sie den meist gelungenen Internetauftritt im Vergleich zur Realität. Vor späteren Überraschungen ist man nicht gefeit, aber meist täuscht der persönliche Eindruck nicht.

Manche Eltern achten schon zu diesem Zeitpunkt auf die späteren Profilwahlmöglichkeiten in der Oberstufe einer Schule.

Andere suchen nach besonderen Sprachprofilen an Gymnasien, die den Schwerpunkt z. B. auf Englisch legen und dementsprechend zahlreiche Fächer in dieser Sprache unterrichten.

Eltern besonders sportlicher Kinder werden nach einer Schule mit Sportprofil suchen, während kleine Forscher vielleicht lieber in einem naturwissenschaftlichen Profil arbeiten möchten.

Wohin Sie der Weg der Schulsuche auch führt, beginnen Sie rechtzeitig, sich zu informieren. Ein Jahr vor dem möglichen Wechsel sollten Sie Informationen sammeln, damit Sie und Ihr Kind sich in aller Ruhe über Ihre Zukunftsideen klar werden können.

5. Welcher Abschluss passt zu meinem Kind?

Natürlich möchten Sie, dass Ihr Kind die Schule mit dem Abitur verlässt. Alle Wege stehen ihm damit offen. Das Abi ist das Ticket für unbegrenzte Möglichkeiten und Karrieren.

Wenn das heute noch so pauschal gelten würde, säßen nicht so viele Akademiker beim Jobcenter. Hauptsache Abitur und Studium ist nämlich heute nicht das Erfolgsmotto. Der Fachkräftemangel ist groß und nimmt noch zu, aber nicht jedes Fach wird gebraucht.

Ihr Sohn interessiert sich für fremde Kulturen? Er möchte Ägyptologie studieren. Das Erreichen des Bachelor-Diploms ist erst die halbe Wegstrecke. Der Master muss es schon sein. In dieser Sparte sind die späteren Berufschancen eher dünn gesät, so dass wohl eine Promotion besser wäre. Die Garantie für eine Anstellung ist allerdings selbst die nicht.

Wer seinen Lebensunterhalt verdienen muss wie Sie und ich, sollte sich also frühzeitig über seine Kompetenzen klar werden. Der Arbeitsmarkt regelt sich durch Angebot und Nachfrage. Es stellt sich die Frage »welcher Beruf, der auch gesucht wird, passt zu meinen Fähigkeiten«. Der aktuelle Fachkräftemangel bezieht sich auf wenige so genannte »Engpass-Berufe«, wie Handwerker und Techniker, sowie Krankenschwestern und Altenpfleger, am liebsten mit Zusatzqualifikationen. Bei den Akademikern fehlen laut Bundesministerium für Wirtschaft Ingenieure, Ärzte und Verwaltungsfachkräfte.

Lassen Sie sich also nicht von Statusdenken einengen. Reflektieren Sie mit Ihrem Nachwuchs in alle Richtungen. Technisch begabte Mädchen sollten Maschinenbau nicht ausschließen. Jungen auch den Altenpfleger in Betracht ziehen. Vielleicht wird ein Gymnasiast als Elektroinstallateur glücklicher als auf der Uni.

Schauen Sie genau hin, welcher Weg für Ihr Kind der richtige ist. Beraten Sie sich mit den Lehrkräften, die seine Kompetenzen einschätzen können. Das Abitur schadet nie, aber auch mit dem Mittleren Abschluss ist der Zugang zu vielen Berufen gewährleistet. Mit einem guten Berufsabschluss kann man in zahlreichen Bereichen die Fachhochschulreife erlangen und ein Studium anschließen, sollte man es anstreben.

Meist stellt sich die Frage nach dem Abschluss erst mit dem 10. Schuljahr. Hier sollte man wissen, ob es in eine berufliche Ausbildung (Bewerbungen nach Klasse 9!) oder in die schulische Oberstufe gehen soll. Diese kann kaufmännisch (Höhere Handelsschule, Wirtschaftsgymnasium, Fachgymnasien, Fachschulen) oder technisch (Technisches Gymnasium, Fachgymnasien, Fachschulen) sein.

Langer Rede kurzer Sinn: Geben sie acht, dass Ihr Kind eine seinen Möglichkeiten entsprechende Schule besucht. Vermeiden Sie Schulstress durch Überforderung! Es geht um die Gesundheit ihres Kindes und seine Kindheit schlechthin. Lassen Sie alle Richtungen bei der Berufswahl zu. Schauen Sie nicht nur auf »Lust« und »Interessen«, sondern auch realistisch auf die Bedarfe des Arbeitsmarktes.

Und …

… am Tag der Einschulung sind diese Gedanken entschieden zu früh!

6. Was dürfen Kinder? – Was müssen Kinder?

Die Schule ist der Arbeitsplatz der Kinder. Eltern arbeiten, um das Geld für die Familie zu verdienen. Kinder lernen in der Schule, damit sie schlau werden und später auch Geld verdienen können. Die Schule ist kein Spielplatz, Unterricht nicht Unterhaltung. Es ist Ihre Aufgabe, Ihrem Kind zu erklären, dass es viel Spaß haben und lange spielen darf, dass es jedoch auch seine Aufgaben erledigen muss.

> Kinder lernen ihre Einstellung zur Schule von ihren Eltern.

Seien Sie auf der Hut, was Ihre Äußerungen über Schule, Lernen und Lehrkräfte angeht. Ihre Einstellung färbt ohne Umweg auf Ihr Kind ab. Zahlreiche Eltern habe ihre eigene Schulzeit in keiner guten Erinnerung. Die Zwänge, Ungerechtigkeiten und Härten mancher Lehrer vergisst man eben nie. Wer kein guter Schüler war, hat selten Grund, sich gern an die Schulzeit zu erinnern. Selbst die, denen das Lernen leicht fiel, haben den einen oder anderen dunklen Punkt in ihrer Schulzeit erlebt. Liebe Eltern, machen Sie Ihrem Kind Lust auf die Schule, sogar, wenn Ihre eigenen Erfahrungen nicht dafür sprechen. Teilen Sie mit Ihrem Kind die Freude am Start in eine neue Welt und damit auch die Chance auf eine angenehme und erfolgreiche Schulzeit.

Der Eintritt des Kindes in die Schule bedeutet Veränderung für die ganze Familie. Regelmäßige Abläufe vereinfachen einerseits den Tagesablauf. Verlässliche Freizeiten für die Eltern entstehen am Vormittag. Andererseits sind Sie ab jetzt von Unterrichtszeiten abhängig. Schulferien geben von nun an die Urlaubszeit vor. Finanziell gesehen, ein deutlicher Nachteil, denn zu diesen Zeiten ziehen die Saisonpreise der Reiseveranstalter erheblich an.

Die Vorbereitung auf die Schule fängt meist unbewusst damit an, dass schon Kinder Pflichten haben sollten. Am besten beginnt man damit früh. Kleine Kinder können lernen, ihre Spielsachen nach Gebrauch zurück in den Schrank zu räumen. Spätestens mit fünf Jahren sollten Kinder auch im Haushalt helfen. Sie können den Tisch decken – vorausgesetzt, es muss nicht das Meißner auf denselben – und auch den Müll hinausbringen. Für ihr Zimmer sind sie in diesem Alter schon selbst verantwortlich.

Schulkinder lernen, ihre Hefte und Bücher am Abend für den nächsten Tag zu packen. Hausaufgaben werden nachmittags erledigt. Vokabeln abends wiederholt. Spielzeit variiert abhängig vom Schulsystem und den daraus folgenden Unterrichtszeiten des jeweiligen Bundeslandes.

Eltern wissen, dass der Umgangston über Erfolg oder Misserfolg ihrer Anliegen entscheidet. Kinder müssen das erst lernen. Sie bekommen optimale Unterstützung, wenn sie von klein auf einüben können, dass es so ist.

Neben Bewegung und Sport ist ausreichend Schlaf nötig. Grundschulkinder sollten gegen 20 Uhr im Bett sein. Viele lieben es, dann noch zu lesen. Um 21 Uhr ist endgültig Schlafenszeit. Der Computer hat jetzt natürlich Pause! Ich möchte auch dringend vor einem Fernsehgerät im Kinderzimmer warnen. Kinder, die vor dem Schlafen fernsehen, schlafen unruhiger. Ältere Schulkinder sollten nicht später als 23 Uhr schlafen gehen, wenn sie am nächsten Morgen frisch sein wollen.

Was darf ein Kind? – Es darf alles, bis zu dem Moment, an dem es sich selbst oder andere gefährdet, bis dahin, wo die Achtung vor anderen Menschen oder fremden Sachen in Gefahr ist. Sie werden die Grenzen Ihrer Erziehung möglichst weit stecken wollen. Wenn Sie diese Grenzen aber aus den Augen verlieren, wird daraus »Laissez-Faire« und das hat verheerende Folgen. Wenn ein Kind alles darf, wenn es tun und lassen kann, was ihm einfällt, folgt daraus oft eine unsägliche Unzufriedenheit. Ein solches Kind könnte glauben, dass es seinen Eltern egal ist. Manches Kind beginnt, zu provozieren und sich daneben zu benehmen, nur um die Eltern aus der Reserve zu locken.

Kinder, die ihre Unzufriedenheit am Haustier auslassen, bekommen schnell die Quittung. Wenn die Katze sich wehrt, wenn der Hund vor Schmerz zuschnappt, ist gelernt: »Es reicht ihm!«

Als Erwachsener sollten Sie Übergriffen ebenfalls richtig begegnen. Spätestens in der Schulzeit zahlt sich das für Ihr Kind aus.

> Während eines Kindergartenpraktikums hatte ich einen fünfjährigen Jungen zu betreuen, der allgemein verhaltensauffällig war. Er war gewohnt, seinen Willen auch mit Körpereinsatz durchzusetzen. So wollte er eines Tages mehr Schokolade. Ich hatte ihm erklärt, dass es vor dem Mittagessen keine Schokolade mehr gäbe. Kaum hatte ich ausgesprochen, holte er aus und trat mir mit voller Wucht vors Schienbein. Ich erklärte ihm innerlich wütend, aber nach außen sehr ruhig, dass das wehtäte und dass ich, sollte er so etwas noch einmal tun, nicht mehr mit ihm sprechen würde. Er schaute mich eine Sekunde lang fragend an – und trat erneut zu! Ich verließ wortlos den Raum. Wann immer er mich später ansprach, ging ich weg und tat so, als sähe ich ihn nicht.
> Nach dem Mittagschlaf schob sich von hinten eine Hand in meine. Es war der kleine Rüpel. Er strahlte mich an. Von da an lief es bestens zwischen uns. Er hat es nie wieder getan.

Von Fall zu Fall muss Ihnen vielleicht anderes einfallen, denn von Ihrer Reaktion hängt es ab, ob das Kind begreift. Sie helfen ihm nicht, wenn Sie es gewähren lassen, weil Sie nicht so schlimm finden, was es tut. Dieses Kind wird seine Versuche, eine Grenze zu erreichen, steigern.

Was muss ein Kind? – Das Wort »muss« gehört nicht in Ihren Wortschatz? Müssen ist mega out? Noch heute reagiere ich allergisch bis aggressiv, wenn meine Mutter zu Besuch kommt und als erstes darüber klagt, was ich alles tun müsste. »Kind, du musst aber dringend deinen Rasen mähen. – Deine Blumen sehen aber nicht gut aus. Die musst du mal düngen. – Was, Kopfschmerzen? Du musst dich mal zusammenreißen.« Ich mag auch nicht »müssen«! – Und doch gehört es zur Erziehung.

Ein Kind muss lernen, andere Kinder und Erwachsene zu achten. Ihm muss deutlich werden, dass es nicht das Maß aller Dinge ist, dass es die Belange und Ansichten anderer zu respektieren hat. Niemand möchte, dass jemand sein Eigentum zerstört oder wegnimmt. Das lässt sich einem Kind sehr leicht demonstrieren, das sich an den Sachen anderer bedient. Was man selbst zu spüren bekommt, versteht man besser.

Ein Kind muss auch lernen, Gefahren zu erkennen, wobei das Feld der Gefahren weit gesteckt ist. Dabei kann es sich z.B. um die alleinige Bewältigung des Schulwegs handeln. Zum einen muss das Kind lernen, Verkehrsregeln ausnahmslos zu befolgen. Trainieren Sie den Weg, bis Sie glauben, dass Ihr Kind verstanden hat, worum es geht. Schaffen Sie Fallbeispiele, damit es begreift, dass ein Auto, das Grün auf der Lichtzeichenanlage hat, nicht anhält, dass Ihr Sprössling also nicht bei Rot über die Straße laufen darf. Halten Sie ihn dazu an, zusammen mit anderen zu gehen. Sicherer ist es, nicht an der Bordsteinkante zu laufen. Machen Sie deutlich, dass Sie nie einen Fremden schicken werden, um Ihr Kind abzuholen. Es darf also niemals in ein fremdes Auto einsteigen.

Konsequenzen des eigenen Handelns zu erkennen, ist eine Frage der Erfahrung. Das berühmte »Wenn-Dann-Spiel« schafft Erkenntnisse, die sich einprägen. Nun muss man nicht erst die

Hand auf die Herdplatte legen, um zu verstehen, dass sie heiß ist. Versuchen Sie aber bei jeder Gelegenheit, Ihrem Kind Ursache und Wirkung zu erklären. Es wird demjenigen, der seinem Klassenkameraden seinen Bleistift nicht leihen wollte, schnell klar werden, warum der ihm bei nächster Gelegenheit nicht bei der Lösung der Rechenaufgabe hilft.

Verantwortung für das eigene Handeln zu übernehmen, fällt auch manchen Erwachsenen schwer. Dennoch muss ein Kind lernen, dass es Fehler machen darf. Es muss wissen, dass es nichts gibt, was es nicht beichten kann; aber auch, dass man zu seinen Taten stehen muss und die Konsequenzen zu tragen hat.

Eltern sind für viele Tugenden Vorbilder: Toleranz, Höflichkeit, Ehrlichkeit, Pünktlichkeit, Fleiß, Sauberkeit, richtige und gute Sprache, Vermeiden von Schimpfworten.

Ihr Kind wird vermutlich später nicht allein auf einer Insel, sondern eher in Gesellschaft anderer weilen. Sie haben es in der Hand, ob aus ihm ein kompatibler und zufriedener Zeitgenosse wird oder ein Egozentriker, der schwer Zugang findet und wenig geschätzt wird.

7. Was dürfen Eltern? – Was müssen Eltern?

Was Eltern dürfen und müssen, überschneidet sich oft. Beides ist unter dem Begriff »Elterliche Sorge« geklärt, der in dieser Form erst seit 1980 besteht. Vorher sprach man von »Elterlicher Gewalt«. Unter das Sorgerecht fällt alles, was die Lebensumstände eines Kindes und die Wahrnehmung aller für das Wohl des Kindes erforderlichen Rechtshandlungen betrifft.

Eltern müssen für das leibliche und seelische Wohl ihrer Kinder sorgen, angefangen bei einer ausreichenden und gesunden Ernährung. Sie kleiden Ihr Kind, so dass es nicht friert. Sie bringen Ihrem Nachwuchs das Laufen und Sprechen bei.

Was Sie dürfen, erstreckt sich über ein weites Feld. Sie sind der gesetzliche Vormund, also treffen Sie sämtliche Entscheidungen, hoffentlich zum Besten Ihres Kindes.

Sie als Eltern dürfen bestimmen, wie und wo ihr Kind aufwächst. Sein eigenes Aufenthaltsbestimmungsrecht kommt erst zur Sprache, wenn sich Eltern trennen oder das Kind volljährig ist. Meist geben Eltern ihren Kindern auch den Glauben vor, nach dem sie erzogen werden und leben sollen. Ab 14 Jahren dürfen Kinder allerdings ihre Religion selbst bestimmen. Auch, wenn es ihren Eltern wenig passt.

Erziehungsberechtigte bestimmen, welche Schule ihr Kind besucht. Wenn damit alles glatt läuft und Ihre Vorstellungen immer auf die Gegenliebe des Kindes stoßen, herzlichen Glückwunsch! Bei der Wahl der Schule kann es jedoch schon mal zu gegensätzlichen Ansichten kommen.

Ehemalige Nachbarn, beide erfolgreiche junge Anwälte, hatten es nicht leicht, was die Wünsche ihres Erstgeborenen anging. Leon-Alexander war der Ansicht, dass er nach der vierten Klasse auf keinen Fall auf das Gymnasium wechseln würde, sondern mit den meisten Kindern seiner Grundschulklasse vor Ort in der Stadtteilschule verbleiben wolle. Seine Eltern versuchten ihm zu erklären, dass er mit seinem Einserzeugnis auf das Gymnasium gehöre. Sein Vater sprach von Eliten, die das Land brauche. Seine Mutter versuchte dem Zehnjährigen einen Beruf, in dem er viel verdienen würde, schmackhaft zu machen. Die Großmutter klagte, dass diese Stadtteilschüler ganz schlimme Banausen wären, die ihr täglich zusetzten. Sie wohnte zwischen Bushaltestelle und Schule und tatsächlich verwüsteten regelmäßig Schüler ihren Vorgarten. Leon-Alexander blieb unzugänglich. Die Anmeldefrist drohte abzulaufen, als der Junge eines Mittags nach Hause kam und seiner Mutter mitteilte, er wünsche nun doch am Johanneum angemeldet zu werden wie sein Freund Oliver. Die Mutter machte nicht den Fehler, nach dem Grund für den plötzlichen Sinneswandel zu fragen. Den erfuhr sie zufällig beim Elternabend im Gespräch mit Olivers Eltern. »Sind Sie auch so froh, dass Isabel umzieht?« wollte die Mutter wissen. »Wer ist Isabel?«, fragte die Anwältin. »Ach«, fiel Olivers Vater ein, »das ist dieses süße Mädchen, bei dem es leider nicht zum Gym reicht und in das alle Jungs der 4a verschossen sind. Unser Sohn wollte partout mit ihr auf die Stadtteilschule!«

Nehmen Sie den Willen Ihres Kindes ernst. Es ist keine Nichtigkeit, wenn Ihr Sohn aus Liebe Wünsche äußert. Als Eltern werden Sie genug Fingerspitzengefühl haben, ihm zu erklären, dass Sie ihn verstehen, aber aus Erfahrung wissen, dass man auf verschiedene Schulen gehen und sich trotzdem finden kann – wie er an seinen Eltern sehen kann. (Ich nehme an, die wenigsten Elternpaare waren in derselben Schule und schon in der Schulzeit liiert.)

Nicht nur in Hamburg haben Eltern das Recht, ihre Kinder nach der Grundschule an der Schulform ihrer Wahl anzumelden. An die Empfehlung der Lehrer müssen sie sich nicht halten. So geschieht es immer wieder, dass Eltern ihre Kinder für die Klasse 5 des Gymnasiums anmelden, auch wenn die Schulempfehlung abrät. Diese Eltern haben große Pläne mit ihrem Nachwuchs. Leider verkennen sie häufig die Leistungsfähigkeit und -bereitschaft ihres Kindes.

Hier wird deutlich, dass das, was Eltern dürfen, manchmal nicht das ist, was richtig ist. Wobei es von Fall zu Fall jedoch sogar notwendig sein kann, sich der Schulempfehlung zu widersetzen.

Ich denke, dass Sie als Erziehende in erster Linie das Wohl Ihres Kindes im Auge haben müssen, auch wenn das bedeutet, dass Sie das, was Sie dürfen, nicht in Anspruch nehmen. Manche Eltern möchten ihrem Kind gern jede mögliche Chance zum Erfolg geben und bedenken vielleicht nicht, was Scheitern in diesem Alter bedeutet. Da kann Ihre Toleranz zu Hause das Hänseln der Mitschüler womöglich nicht aufwiegen.

Haben Sie ein robustes Kind, können Sie mit ihm die Möglichkeit des Scheiterns einplanen – Motto: Wir probieren es und werden sehen.

Fest steht, dass Kinder, solange sie noch schwache Deutschkenntnisse haben, den Anforderungen des Gymnasiums nicht genügen können. Wenn sie Inhalte nicht erschließen können, weil ihnen das Vokabular fehlt, werden sie Schwierigkeiten in allen Fächern haben. Finden Sie heraus, ob es Sprachkurse, Förderung, Lernpatenschaften gibt, die den Zuwachs an sprachlichen Möglichkeiten begünstigen können. Lassen Sie Ihr Kind deutsches Fernsehen gucken, regen Sie es zum Lesen an. Nutzen sie jede Möglichkeit, Deutsch zu sprechen.

Das Argument mancher Akademiker-Eltern »Entschuldigen Sie, aber unsere Kinder gehen alle auf das Gymnasium!« zieht nicht, wenn Philipp-Alexander unterbegabt oder faul ist. Dieser verliert kostbare Zeit, während der er in einer passenden Schule intensiv lernen könnte. Wenn solche Kinder dann frustriert das Gymnasium verlassen müssen, weisen sie nicht nur erhebliche Wissenslücken, sondern auch oft psychische Schäden auf. Sie empfinden es als Schande, versagt zu haben. Dabei sind sie Opfer der Uneinsichtigkeit ihrer Eltern. Fragen Sie sich bitte, warum Ihr Kind unbedingt auf das Gymnasium soll! Kann es sein, dass Sie gern für Ihr Kind das erreichen möchten, was Ihnen selbst versagt wurde? Wollen Sie in Ihrer Familie etwas gelten? Gibt es andere Gründe, die für Sie persönlich wichtig sind – aber wenn Sie ehrlich sind, nicht für Ihr Kind?

In manchen Bundesländern ist nach Klasse 4 ein Notendurchschnitt von mindestens 2,0 die Eintrittskarte zum Gymnasium. Elternwahlrecht gibt es hier nicht. Aber es existieren zahlreiche Wege, zum Ziel zu kommen, auch wenn es nach Klasse 4 anders läuft, als gewünscht.

In Hamburg darf man die Einschränkung des Elternrechts bei der Schulformwahl nach Klasse 4 nicht einmal erwähnen, denn jede Partei fürchtet sofort um Wählerstimmen. Ihnen als Eltern sollte das Wohl Ihres Kindes mehr am Herzen liegen als das Recht. Nach Klasse 6 endet Ihr Mitspracherecht sowieso. Dann entscheidet der Notenschnitt, welche der verschiedenen Schulformen in Betracht kommen.

Man darf sich wünschen, dass »Bildung« bundeseinheitlich wird. Alle Schüler sollten die gleichen Chancen, Rechte und Pflichten haben. Schulabschlüsse müssten überall zu den gleichen Bedingungen erreichbar sein. Bis es soweit ist, sollte die Leistungsfähigkeit der Schüler darüber entscheiden.

Weniger wichtig erscheint mir, ob das Klingelsignal zur Pause bundeseinheitlich geregelt wird. An allen Hamburger Schulen soll es zukünftig aber schon einmal das gleiche Pausenzeichen geben.

8. Was nützt, was schadet meinem Kind?

Wenn man das immer so genau wüsste! Was schadet oder nützt? Denken Sie auch hin und wieder an Ihre eigene Kindheit? Erinnern Sie sich an erzieherische Maßnahmen Ihrer Eltern, die Sie damals absolut daneben, ungerecht und spießig fanden?

Heute sind Sie selbst in der Elternrolle. Sie wollen sie besser oder zumindest anders angehen, als Ihre Eltern.

Ich vermute, dass es auch bei vielen meiner Leserinnen und Leser in ihrer Jugend Probleme mit der Mode gab oder mit der Uhrzeit, zu der Sie zu Hause sein sollten. Manche Eltern machten sicher auch Druck, was den Lerneifer ihrer Kinder anging.

Und dann die Konsequenzen, wenn Sie die Ansagen Ihrer Eltern missachteten oder ihre Erwartungen nicht erfüllten! Erinnern Sie sich an Momente, in denen Sie Ihre Eltern am liebsten zum Mond geschossen hätten? Aber seien Sie ehrlich, haben die getroffenen Maßnahmen Ihnen wirklich geschadet? Denken Sie nicht heute, dass sie ihr Bestes gaben und alles richtig machen wollten?

Versuchen wir dem Nutzen oder Schaden anhand von Beispielen näher zu kommen.

Paul geht jetzt in die erste Klasse. Einige Klassenkameraden sehen bis in die Puppen TV-Serien, die für ihr Alter wenig geeignet sind. Morgens erzählen sie davon in der Schule. Paul kann nicht mitreden. Die anderen nennen ihn Muttersöhnchen, weil er nicht einmal einen eigenen Fernseher hat. Das erfahren Sie zufällig, weil Sie eines Nachts Geräusche aus dem Wohnzimmer hören und dort Paul schlafend vor dem Fernseher finden.

Wo sind die Prioritäten? TV-Sendungen um Mitternacht sind ganz sicher nichts für Sechsjährige. Paul findet es doof, dass er nicht mitreden kann. – Die Lösung?

Lassen Sie das Kind dort vor dem Fernseher liegen. Beim Frühstück hat Paulchen kleine Augen. Er ist müde. Er mag nichts essen. Sie schelten ihn nicht und gehen auf seine letzte Nacht erst einmal nicht ein. Bei nächster Gelegenheit sprechen Sie das Thema an. »Wollen wir diese Sendung, die du dir neulich nachts angesehen hast, noch einmal gemeinsam ansehen, Paul?«

Ich bin fast sicher, dass er ablehnen wird, denn er weiß ja jetzt, wovon die anderen reden.

Nun ist auch der Zeitpunkt gekommen, wo Sie Stellung beziehen sollten. Erklären Sie Paul, warum Sie nicht möchten, dass er um diese Uhrzeit fernsieht, und auch, warum Sie die Sendung an sich für nicht gut halten. Erzählen Sie gern aus Ihrer Kindheit, so dass Ihrem Sohn klar wird, dass er viel mehr darf, als Sie es durften. Sagen Sie ihm deutlich, dass Sie glauben, ihm das Fernsehen nicht verbieten zu müssen, weil er ein kluger Junge ist und versteht, dass ihm nächtliche Serien schaden.

Sollte es Paul trotzdem wieder nachts vor den Fernseher treiben, müssen Sie für den Wiederholungsfall Konsequenzen ankündigen. Welcher Art die sein sollen, ergibt sich. Wichtig ist, dass Paul nun selbst verantwortet, was geschieht und die Folgen seiner Entscheidung auch tragen muss.

Das Sehen einer nächtlichen Serienfolge hat ihrem Kind sicher nicht geschadet, Paul hat es sogar genützt, denn er kann nun in der Schule mitreden.

Kinder müssen lernen, Verantwortung zu übernehmen, für das, was sie tun. So gesehen hat Paul von seinem Ungehorsam profitiert, denn er kann nun entscheiden, ob er die Serie so wichtig findet, dass er empfindliche Konsequenzen zu tragen bereit ist. Bestenfalls steht er danach auf Ihrer Seite, weil ihm das Ganze nichts gebracht hat und er das Thema doof findet.

Sybil ist 13. Sie ist zur Geburtstagsparty einer Klassenkameradin eingeladen. Ihre Tochter möchte gern ohne Rückkehr-Uhrzeit dort hingehen. »Mama, echt, die anderen dürfen auch so lange bleiben, wie sie wollen!« Für eine 13-Jährige gibt es keinen Spielraum. Sie muss sich an die Vorgaben ihrer Eltern halten. Hier nützt es nicht, dem Quengeln nachzugeben. Nachdem Sie mit den Eltern des Geburtstagskindes gesprochen haben, gibt es aber mehrere Varianten.

a. Sie geben Sybil Geld für ein Taxi und verlangen, dass sie um Mitternacht zu Hause ist. Kündigen Sie an, dass das eine Übung ist, die zeigen wird, ob Ihre Tochter verantwortungsbewusst ist. Wenn nicht, wird sie noch üben müssen und die nächste Party leider nicht besuchen können.
b. Sie holen Ihre Tochter selbst um Mitternacht von der Party ab.
c. Die Eltern der Gastgeberin fahren die Gäste nach Hause.
d. Alle Gäste schlafen bei der Gastgeberin.

Sollte Ihre Tochter schon 16 sein, sieht das nicht grundsätzlich anders aus. Vielleicht kann es 1:00 Uhr werden. Das Argument »die anderen dürfen aber …« kennen Sie aus Ihrer eigenen Jugend. Verkneifen Sie sich bitte das Schmunzeln!

Eltern, die dazu neigen, dem Willen ihres Kindes in jedem Fall nachzugeben, weil das im ersten Moment bequemer ist, dürfen sich bitte über die Folgen nicht beklagen. Wie schon an anderer Stelle erwähnt, suchen und brauchen Kinder Grenzen. Auch 16-Jährige sind Kinder. Die Gefahr, sich beim Fehlen solcher Grenzen selbst zu verlieren, ist latent vorhanden. Manches junge Mädchen findet »Ersatz«, der dann die Auflagen macht, allerdings nach seinem Gusto.

»Bea hat einen neuen Freund. Der ist schon 21.« »Bea ist 14! Was sagen denn ihre Eltern dazu?« »Die erlauben das. Sie darf sogar bei ihm über- nachten. – Und ich muss um zwölf zu Hause sein, wenn ich zu ner Party gehe! Ihr seid echt spießig!«

Wenn man so etwas hört, gerät man ins Grübeln. Das Jugend- amt sagt in dem Fall »Wenn die Eltern das erlauben, geht das.« Unsere Frage ist aber, was nützt einem Kind und was schadet ihm? Nach meiner Meinung liegt hier der Nutzen bei einem Mann, der großen Einfluss auf ein sehr junges Mädchen hat, und bei Eltern, die es sich zu leicht machen und ihrer elterlichen Verantwortung entziehen.

Chantal kleidet sich wie die Sternchen einer Seifenoper. Mit ihren 12 Jahren wirkt sie im superkurzen Minirock zu schwarzen, zerfetzten Leggins und tief ausgeschnittenem Shirt aufreizend wie Lolita. Chantal trägt dazu dunkelroten Lippenstift und tiefschwarz getuschte Wimpern. Ihre Klassenlehrerin hat versucht, der Schülerin ihre Wirkung zu spie- geln. »Chantal, so kleiden sich Mädchen, die auf Arbeit sind. Du weißt, was ich meine?« Sie erklärte dem Mädchen, welche Signale sie sende und dass Männer diese falsch auslegen könnten. Chantal wusste genau, wovon die Rede war. Sie begab sich augenblicklich zum Schulleiter und beschwerte sich, Frau S. habe sie eine Nutte genannt. Im Gespräch zwi- schen der Klassenlehrerin und dem Schulleiter betonte Frau S., dass sie befürchte, Chantal verwahrlose und ihre Eltern kümmerten sich nicht. Sie machte einen Termin für ein Elterngespräch. Es zeigte sich, dass die Eltern der Schülerin mit ihrer Erziehungsaufgabe überfordert waren. »Sie macht ja doch, was sie will«, klagte die Mutter. Der Vater fand: »Kann se doch tragen!« Die Warnung der Lehrerin schlugen sie in den Wind. Für die war es schwer zu ertragen, als sie nach den Ferien erfuhr, dass Chantal vergewaltigt worden war. Zwei Jungen aus ihrem Bekanntenkreis hatten die Signale offenbar falsch gedeutet.

Es schadet Kindern, wenn sie alles tun können, was ihnen einfällt, wenn dieses Tun keine Konsequenzen hat, wenn diese scheinbare Freiheit nicht ihre Selbstverantwortung schult. Ob es sich um Ausgehen ohne Limit oder Fernsehen ohne Zensur handelt, ist dabei zweitrangig. Gefährlich ist mangelndes Kümmern seitens der Eltern immer. Kinder haben heute freien Zugriff auf das Internet. Sie gelangen ohne Schwierigkeiten auf Porno-Websites, die ihnen Einblicke ins Thema Sexualität geben, die sie nicht einordnen und schwer verarbeiten können. Viele halten das, was sie dort sehen für normal und sind folglich in sehr jungen Jahren zu zwischenmenschlichen Handlungen bereit, die ihnen nicht gut tun.

Die Gefahr, im Chat des Social Network an Erwachsene zu geraten, die sich als Jugendliche ausgeben, ist ebenfalls groß. Häufig bauen diese sehr geschickt Vertrauen auf. Bei persönlichen Verabredungen sind Übergriffe nichts Ungewöhnliches.

Es nützt Kindern, wenn ihre Eltern wissen, womit sie sich beschäftigen, wenn sie ihnen Grenzen setzen, die altersgemäß richtig sind. Es nützt, wenn Sie als Eltern auch heikle Themen ansprechen und stressige Auseinandersetzungen nicht scheuen. Wichtig ist, Kinder zu kritischen, vorsichtigen Usern des Internets zu erziehen, denen die Gefahren bekannt sind.

Lassen Sie sich von Ihren pubertierenden Söhnen und Töchtern nicht abwimmeln. Nehmen Sie sie wie früher gern auch einmal in den Arm. Körperliche Zuwendung ist wichtig und richtig. Kindern nützt es enorm, wenn sie in dem Bewusstsein aufwachsen, dass Ihre Eltern, die Mutter oder der Vater, ein Bollwerk gegen alles Böse sind. Bei ihnen ist Vertrauen, Sicherheit und Zuflucht. Hierher können sie nach jeder Erfahrung zurückkehren, hier dürfen sie alles sagen und wissen, dass sie ernst genommen werden.

9. Was ist guter Unterricht?

Lehrer
+ gutes Klassenklima
+ kindgerechte, individuelle Lernangebote
= guter Unterricht.

Unterricht kann überhaupt erst stattfinden, wenn die Schüler einer Lerngruppe oder Klasse »angekommen« sind. Solange Probleme im Raum stehen, solange Unruhe herrscht, sollte ein Lehrer von dem Vorhaben, seine Schüler mit Wissen zu beglücken, absehen. Solange er selbst neben sich steht, weil der Streit mit dem Schulleiter ihm noch in den Knochen steckt, auch. Ein Lehrer schafft ein gutes Klassenklima, wie Sie zu Hause auch.

Nur Kinder, die sich ernst genommen wissen, werden einem Erwachsenen Autorität verleihen. Nur Kinder, die seine Autorität anerkennen, werden ihm folgen. Gutes Klassenklima bedeutet, dass Toleranz und Achtung vor Mitschülern und Lehrern oberstes Gebot ist. Jeder noch so kleine Verstoß dagegen muss geahndet werden, wenn Schüler sich wohlfühlen und in ihrer Gemeinschaft sicher fühlen sollen. Das bedeutet, ein Lehrer muss sich täglich darum bemühen, dass seine Schüler sich als Teil der Klassengemeinschaft empfinden und nicht als Einzelkämpfer. Für Heranwachsende ist es nicht leicht, Egoismus und Ehrgeiz zu beherrschen, was erfahrungsgemäß zu Rückschlägen führen kann. Nur Lehrer, die die volle Akzeptanz ihrer Schüler haben, können ein fruchtbares Arbeitsklima schaffen und Schüler motivieren, auch langweilige Inhalte zu bearbeiten. Nur diese schaffen auch die nötige Arbeitsruhe. Solange es laut ist, vierzehn Schüler nicht zuhören und Max noch immer mit Papier wirft, ist Unterricht nicht möglich. Erst wenn die Grundlagen stimmen, geht es um Inhalte.

Wie funktioniert Schule heute? In mancher Hinsicht so wie schon immer, in zahlreichen Aspekten jedoch total anders.

Schulklassen sind, wenn man es genau nimmt, Zwangsgemeinschaften. Ihr Kind kann sich seine Mitschüler nicht aussuchen, seine Lehrer auch nicht. Das heißt nichts anderes, als dass es lernen muss, mit der Interaktion zu diesen Personen klar zu kommen. Nicht immer geht das reibungslos, denn die Belange des Einzelnen können einander widerstreiten.

Nur selten werden Sie heute Unterricht sehen, in dem der Lehrer vor zahlreichen Tischreihen mit Schülern steht und doziert – was im Einzelfall natürlich immer wieder seine Berechtigung hat. Ein guter Vortrag, bei dem die Schüler ihrem Lehrer an den Lippen hängen und man eine Feder zu Boden sinken hören könnte, ist in seiner Wirkung nicht zu unterschätzen. Ich bin der Meinung, dass ein guter Lehrervortrag sehr anspruchsvoll und effektiv sein kann. Nicht selten hört man dann von Schülerseite »Ach so geht das!«, wenn Sachverhalte plötzlich klar werden.

In modernen Unterrichtsformen, wo Schüler in Gruppen- oder Partnerarbeit zu Ergebnissen kommen, ist der Lehrer jedoch eher Lernbegleiter. Er unterstützt die Arbeit seiner Schüler durch Fragen, Tipps und zielgerichtetes Eingreifen. Ziel ist es, junge Menschen zu befähigen, selbst aktiv und effizient zu arbeiten. Dabei sind die Kompetenzen jedes Einzelnen gefragt.

Obwohl immer noch manches ganz einfach gelernt werden muss, werden Sie stures Pauken, wie Sie es von früher kennen, nur noch selten finden.

Die Rhythmisierung, d.h., die Länge der Lernzeit variiert von Schule zu Schule. An manchen muss ein Schüler 90 Minuten durchhalten, an anderen nur 60 oder 45 Minuten, bis es in die Pause geht. Wird individuell gearbeitet, entscheidet der Schüler also selbst, ob und wie lange er an welchem Thema arbei-

ten möchte, dann bietet es sich an, auch die Pausen frei wählen zu lassen.

Informieren Sie sich, welche Konzepte an einer Schule gefahren werden, bevor Sie und Ihr Kind sich festlegen.

Was sind kindgerechte, individuelle Lernangebote? »Individuelle Lernangebote«, das hört sich toll an, nicht wahr? Nun kann
ein einziger Lehrer, der 28 Schüler zu unterrichten hat, nicht
immer jedem Einzelnen sein persönliches Lernpäckchen schnü-
ren und das auch noch korrigieren, nachbessern und festigen. In
der Regel handelt es sich deshalb um Aufgabenstellungen verschiedener Schwierigkeitsgrade, die die Schüler je nach ihrem
Vermögen anwählen können. Zur Kontrolle gibt es Lösungs-
bögen oder Erwartungshorizonte, die jeder Schüler selbst zur
Korrektur anwenden kann. Die Individualität des Lernange-
bots entsteht auch durch das spezielle Lerntempo des Einzelnen.
Die Fragestellungen oder Arbeitsaufträge sind in kindgerechter
Sprache an ebensolchen Inhalten festgemacht. Motivation ist
die beste Grundlage zum Lernen. Um das, was ein Kind wissen
will, wird es sich kümmern.

Wann ist Unterricht gut? Ich weigere mich, besondere Formen oder Strategien zu bevorzugen oder zu verteufeln. Bil-
dungspolitik ändert sich mit jeder gewonnenen Wahl. Weder
parteispezifische Ideologien, das hohe Ziel »soziale Gerechtigkeit« noch »Elitenbildung« können Vorgaben für guten Unterricht sein. Verfechter der Binnendifferenzierung gehen davon aus,
dass gemischte Kurse unterschiedlich begabter Lernender immer
und überall die sozial gerechteste Lösung seien. Sie verteufeln
Frontalunterricht als veraltet. Ihrer Meinung nach kann ein solcher Unterricht nicht gut sein. Die Rolle des Lehrers hat sich
gewandelt. Wie schon erwähnt, ist er in modernem Unterricht
nicht mehr Lehrender, sondern nun Lernbegleiter. Die Schüler erarbeiten gemeinsam, was sie wissen müssen. Nach meiner Erfahrung ist diese Art Unterricht besonders dann effizient,
wenn der Anteil der lernstarken Schüler den der Lernschwäche-

ren deutlich übersteigt. In der Regel fühlen sich Schüler in nach Leistung differenzierten, homogeneren Lerngruppen wohler.

Je nach Einzugsgebiet muss man sich einfach fragen, wie groß die Wahrscheinlichkeit ist, dass Kinder und Jugendliche sich und einander richtiges Deutsch beibringen. Dann z.B. vermutlich nicht, wenn von 28 Schülern einer Klasse 27 einen Migrationshintergrund haben. Zu ähnlich schwachen Ergebnissen kommen Schüler aus deutschen Familien, in denen fehlerhaftes Deutsch gesprochen wird oder womöglich Bildung wenig wert ist.

Guter Unterricht wird sich immer an der Lerngruppe orientieren. Er fordert und fördert. Ob in Form von Frontalunterricht oder Gruppenarbeit ist zweitrangig, wenn es leistungsdifferenzierte und interessante Aufgabenstellungen gibt. Gegen Lehrer, die Arbeitsblätter von vor zwanzig Jahren aus dem Fach ziehen und ungeprüft bearbeiten lassen, sollten Sie als Eltern vorgehen. D-Mark-Angaben in Mathematikaufgaben sind ein sicheres Zeichen dafür, dass es auch in diesem Beruf den einen oder anderen gibt, der seinen Arbeitsaufwand minimal halten möchte. Das müssen Sie nicht hinnehmen.

Wenn man Kinder und Jugendliche fragt, wie sie sich ihre Lehrer wünschen, sagen die häufig: »Gerecht und streng.« – Sie wundern sich? Für Kinder dieses Jahrhunderts, die häufig in einer Welt voller Beliebigkeit aufwachsen, hat Autorität nichts Bedrohliches. Ganz im Gegenteil. Sie gibt ihnen Halt und Orientierung. Sie unterscheiden allerdings sehr fein zwischen Autorität und autoritärem Verhalten und erwarten von Lehrern, dass sie durch ihre Präsenz deutlich machen, dass dort, wo sie sind, eine Ordnung herrscht, die es einzuhalten gilt. Dieses Bestreben darf aber nicht zum Dogma werden. Schüler lieben Lehrer, die einsichtig und offen für Veränderung sind innerhalb der von ihnen gesetzten Ordnung. Täuschung, Selbsttäuschung, Enttäuschung: Kinder finden in ihrem Umfeld immer weniger Verlässlichkeit. Nur wenige wachsen in einer überschaubaren, auf Werte gestützten Welt auf.

Darf ich die kritische Frage stellen, woran Kinder sich ausrichten sollen, wenn Eltern zum Vorbild nicht taugen? Lehrer müssen das ausgleichen. Wenn ihnen das nicht gelingt, wenn sie nicht glaubwürdig sind, wissen solche Kinder nicht, warum sie lernen sollen.

Ein Lehrer muss klar und eindeutig handeln, er braucht Autorität. Soziale Netzwerke, DSDS oder Home-Stories von Pseudo-Promis sind wenig geeignet, Kindern und Jugendlichen das Leben zu erklären.

Nehmen Sie sich die Zeit, über diese Themen zu sprechen? Sind Sie informiert über die Welt Ihres Sprösslings? Kennen Sie seine Kontakte? Manche Eltern haben keine Ahnung, was ihre Kinder treiben. Leider finden nach meiner Erfahrung in zahlreichen Familien auch zunehmend weniger Gespräche statt. Zeigen Sie Interesse an den Themen Ihrer Kinder, ohne zu insistieren. Ihr Kind wird sich ernst genommen fühlen und es normal finden, zu erzählen. Drängen und allzu intensives Fragen kann bei Jugendlichen schnell den Auster-Effekt auslösen. Sie machen ganz einfach dicht.

Gut wäre es, wenn Elternhaus und Schule gemeinsam eine Konstante für Kinder und Jugendliche darstellten, im schnellen Rhythmus ihrer wechselnden, neuen Interessen.

Zusammenfassend lässt sich die Frage nach der Qualität von Unterricht sehr schlicht beantworten: Wenn ein Kind gern in die Schule geht und positiv von seinen Lehrern spricht, ist seine Welt in Ordnung. Wenn es rechnen, lesen und schreiben lernt und sich auch noch benehmen kann, sieht es so aus, als liefe alles rund. Wenn es weiß, wie es Informationen recherchieren und diese selbstständig verwerten kann, wenn es Fortschritte beim Sprechen der erlernten Fremdsprachen macht und sogar den einen oder anderen Fakt aus der Geschichte weiß, können Sie als Eltern sehr zufrieden sein.

10. Was sind E- und G-Noten?

Dieses Kapitel über nicht alltäglichen Wahnsinn im Hamburger Schulsystem können Sie getrost überspringen, wenn Sie nicht in der schönsten Stadt der Welt wohnen.

Als Sie noch in die Schule gingen, gab es in der Grundschule Noten zwischen 1 (sehr gut) und 6 (ungenügend). In den weiterführenden Haupt- und Realschulen, sowie den Gymnasien bis Klasse 10 änderte sich an dieser Notenbezeichnung nichts. Lediglich in der Oberstufe des Gymnasiums wurde nach Punkten bewertet. Die erstreckten sich von 15 (sehr gut) bis 1 (na ja).
Heute ist die Benotung in manchen Bundesländern recht unübersichtlich geworden. In Hamburg herrscht momentan folgendes System:
Grundschule, Jahrgang 1–4:   Noten 1–6
Stadtteilschule, Jahrgang 5–6:   Noten 1–6
Stadtteilschule, Jahrgang 7–10:   Noten E 1–6/G 1–6
Gymnasium, Jahrgang 5–10:   Noten 1–6
Gymnasium, Jahrgang 11–12:   Punkte 1–15

Erweitertes Niveau	E1	E2	E3	E4	E5	E6			
Grundniveau				G1	G2	G3	G4	G5	G6
Gymnasial-Niveau	1	2	3	4	5	6	6	6	6
2. Abschluss (MSA)	1	1	2	3	4	5	6	6	6
1. Abschluss (ESA)	1	1	1	1	2	3	4	5	6

Hätte ein Gymnasiast G3 im Zeugnis, entspräche das auf seinem Niveau einer 6. (Hat er natürlich nicht, weil es diese Benotung im Gymnasium gar nicht gibt.) Wäre er ein »Mittelschüler«, der den MSA (Mittleren Schulabschluss) macht, bedeutete G3 für ihn eine 5. Nur für den Schüler, der den Ersten Schulabschluss macht (ESA), bedeutet G3 eine 3.

Es kann geschehen, dass ein Kind in seinem Schulleben mehrfachen Benotungswechsel erlebt.

Während der Grundschulzeit bekommt Berni Noten von 1–6 (hoffentlich nicht!). Dann wechselt er an die Stadtteilschule, wo er ab Klasse 7 nach E und G bewertet wird. Nach Klasse 10 schafft er den Zugang zur Gymnasialen Oberstufe und unterliegt nun dem Punktesystem.

Über Zeugnisse von Hamburger Stadtteilschulen sind Eltern wie Arbeitgeber genervt. Meine Friseurin erzählte mir von einer Bewerberin, die gern bei ihr eine Ausbildung machen würde. »Die hat ein ordentliches Zeugnis, nur Einsen, Zweien und ein paar Dreien. Aber beim Vorstellungstermin erschien mir das Mädel eigentlich nicht wirklich fit. Wie kann das sein?« Ich fragte nach, ob es sich um G-Noten oder E-Noten handle. »Schaun Sie mal«, sie zeigte mir die Zeugniskopie, »alles G. was bedeutet denn das?«

G-Noten sind Noten im Grundniveau, E-Noten im erweiterten Niveau.

Die Skala umfasst neun Noten: E-Noten sind Noten für das Gymnasiale Niveau. E1 = 1, E2 = 2, … und betreffen jeweils die Spanne von + bis −.

Die Ausbildungsplatzbewerberin meiner Friseurin hatte in den Hauptfächern G2 (für den Mittelschüler 4!), in Chemie G3 (MSA = 5!). Lediglich in Nebenfächern wie Sport und Erdkunde hatte sie G1 erreicht. Diese Bewerberin wird nicht eingestellt werden, denn Chemiekenntnisse sind enorm wichtig. Ebenso muss sie im Deutschen gute Kenntnisse in Grammatik und richtige Sprache fordern, um im Kundenkontakt zu bestehen.

Wenn Sie mit der Benotung ihres Kindes in seiner Schule nicht klarkommen, zögern Sie nicht, sich das Noten-System erklären zu lassen!

11. Was sind eigentlich »Kompetenzen«?

»Was für ein inkompetenter Idiot!«, schimpft die Kollegin und meint, dass ihrem Vorgesetzten jeglicher Sachverstand für sein Amt fehlt. Dieser Vorgesetzte ist womöglich in der Tat wenig fachkundig, was seine Funktion angeht – so mancher gelangt ja auf wundersame Weise in ein Amt, aber Kompetenzen, also Können, Fähigkeiten auf irgendeinem Gebiet kann er sicher doch nachweisen. Ob diese gerade mit den Anforderungen der Schule konvenieren, sei dann dahingestellt.

In der Tat: Was sind eigentlich »Kompetenzen«? Vielleicht sind Sie ein begnadeter Heimwerker oder eine exzellente Köchin. Ihr Sohn ist handwerklich begabt, ihre Tochter kann gut singen. Beide Kinder sind sozial engagiert. – Alles prima, alle kompetent!

Die Bewertung dieser Kompetenzen steht heute im Fokus schulischer Leistungsanforderungen und wird in manchen Bundesländern den Zensuren vorgezogen.

In Schleswig Holstein und Baden-Württemberg zum Beispiel sehen sich Eltern neuerdings sogenannten Kompetenzzeugnissen gegenüber. Ihre Kinder erhalten Einschätzungen in Sozialkompetenz, Methodenkompetenz, Arbeitskompetenz und Selbstkompetenz.

Arbeitsorganisation	immer	über-wiegend	wech-selnd	häufig	selten
Hielt ein altersgemäßes Tempo ein		X			
Fertigte Aufgaben sauber an			X		
Sozialkompetenz					
War hilfsbereit			X		
Arbeitet gut im Team		X			

Die Kreuze lassen viel Freiheit bei der Interpretation, welcher Note das jeweils entsprechen mag.

Bewerten, Interpretieren, Diskutieren, Zensieren, Kommentieren, Kritisieren, das sind nicht die Urbedürfnisse eines Lehrers. Nein, das ist sein Job. Ankreuzen von Pauschalaussagen nicht. Berichtszeugnisse schreiben zu müssen, ist mühsam und zeitintensiv. Dennoch haben sie eine gewisse Aussagekraft. Ich habe jedoch immer die Lehrer bedauert, die um Formulierungen ringen müssen, die Sie als Eltern dann doch nicht deuten können, ohne sich Hilfe zu holen. Das macht für mich wenig Sinn. Deshalb fordern viele klare Aussagen: Zensuren, die sie verstehen.

Lernentwicklungsgespräche, bei denen Sie erfahren, wo ihr Kind steht, wie es arbeitet und was es sich vornehmen sollte, sind zum richtigen Zeitpunkt sehr effizient. Da kann ein Kompetenzraster als Arbeitsgrundlage dienen, zu mehr ist es aber, meiner Ansicht nach, nicht nütze. Nach dem Beratungsgespräch haben Sie Zeit, auf das nächste Zeugnis hinzuarbeiten, das mit klarer Zensur aussagt, was Sie gemeinsam geschafft haben.

Jeder Schüler bringt Kompetenzen mit. Es liegt nur an der Kompetenz seines Lehrers, diese auch zu erkennen und zu nutzen. Leider geht diese manchem Kollegen ab.

Als ich seinerzeit das Zeugnis meines elfjährigen Sohnes betrachtete, fiel es mir fast aus der Hand, so erstaunt war ich über die Musikzensur. Da stand eine 3. Mein Sohn konnte mir nicht erklären, wie es dazu gekommen war. Also nutzte ich den Elternsprechtag und suchte den Musiklehrer auf. Meine direkte Frage »Warum hat mein Sohn eine 3 in Musik?«, fand er völlig unangemessen. »Wieso? – 3 ist doch OK?« »Ist es nicht, Herr M. Mein Sohn ist sehr musikalisch. Er spielt Trompete im Orchester und er kann sogar hervorragend singen. Da wundere ich mich über ein ›befriedigend‹«. – »Wie heißt denn Ihr Sohn? – Ich kann ja nicht jeden Schüler kennen!« – Tja.

Da hätte ich mir mehr Kompetenz gewünscht. Nur gut, dass mein Kind im nächsten Zeugnis dann seine 1 in Musik wieder hatte. (Was dem Kind relativ schnuppe war, nicht aber seiner ehrgeizigen Mutter.)

Lassen Sie sich also nicht schrecken, wenn Sie von Kompetenzzeugnissen hören. Sie sind allemal kompetent genug, diese zu durchschauen oder infrage zu stellen.

12. Wie kann ich mich in das Schulgeschehen einbringen?

Die Einladung zum ersten Elternabend ist Ihnen zugegangen. Sie sehen dem Erlebnis, zwei Stunden Ihres wohlverdienten Feierabends auf unbequemen, meist viel zu kleinen Schulstühlen verbringen zu dürfen, mit gemischten Gefühlen entgegen.

Ich rate Ihnen trotzdem, gehen Sie auf jeden Fall hin! Nur wenn Sie den Kontakt zur Schule halten, werden Sie ausreichend Information bekommen. Vielleicht kommt Ihnen die Veranstaltung merkwürdig vor, allein wegen der unterschiedlichen Eltern, die Sie treffen werden. Dass manche Lehrer sonderbar sind, weiß »man« sowieso. Versuchen Sie, offen zu sein und nicht von vornherein zu werten. Nachdem die Lehrkraft die anstehenden Informationen losgeworden ist, kommt Ihre erste Chance, sich in das Schulgeschehen einzubringen. An diesem Abend wird meist ein Schulvereinsbeauftragter gesucht. Wenn Sie also gewohnt sind, Gelder zu verwalten, ist das eine Möglichkeit, mit Lehrkräften und Schulleitung in Kontakt zu kommen.

Dann wird die Wahl der Klassenelternvertreter stattfinden. Viele Eltern glauben, das sei eine riesige Belastung und scheuen davor zurück. Irrtum! Die Zahl der Elternratssitzungen ist überschaubar, die Anrufe und Beschwerden anderer Eltern meist auch. Mir scheint, die positiven Aspekte dieser Tätigkeit überwiegen deutlich. An Grundschulen können Elternvertreter zum Beispiel dazu beitragen, Unterrichts- und Freizeitangebote für die Kinder zu verdichten. Das WIR einer Schulklasse lässt sich auf diese Weise verbessern.

Wenn Sie vormittags hin und wieder Zeit haben, können Sie sich auch als »Milchmutter« melden oder den Brötchenverkauf übernehmen. An Ganztagsschulen werden immer Kantinenhilfen gebraucht.

Manche Eltern mit Tagesfreizeit stellen sich als Lesepaten, Unterrichtsbegleiter oder Hausaufgabenhilfe zur Verfügung. An den meisten Schulen sind die Lehrer Einzelkämpfer, die 25 bis 30 Schüler zu betreuen haben. Aufgrund der Heterogenität der Schülerschaft kann eine einzige Person aber nicht jedem Schüler bei schriftlichen Arbeiten zur Verfügung stehen. Hier ist Ihre Chance, sich effektiv in das Schulgeschehen einzubringen. Die Kinder werden es Ihnen danken. Zudem werden Sie die Arbeit der Lehrkräfte besser einschätzen lernen und, was Ihr eigenes Kind angeht, sicherer werden.

An vielen Schulen geben Eltern Wahlpflichtkurse für Schüler. Wenn in Ihnen also technische oder handwerkliche, künstlerische oder musische Fähigkeiten schlummern, klären Sie, ob Bedarf besteht.

Wo und wie Sie sich in das Schulgeschehen einbringen können, hängt sehr von der jeweiligen Schule ab. Im Sinne Ihres Kindes werden Sie einen Weg finden.

13. Wie benehme ich mich beim Elternabend?

Sie gehen zum ersten Mal zu einem Elternabend und sind ein wenig unsicher? Es beginnt mit der Kleiderwahl. Diese Frage stellt sich allerdings nur, wenn Ihre Zeit ausreicht, über Alternativen nachzudenken. Tatsächlich ist es egal, was Sie anhaben. Hauptsache, Sie schaffen es, den Termin einzuhalten.

Vielleicht denken Sie, das Thema Kleiderordnung sei sowieso höchst oberflächlich, denn jeder könne schließlich das tragen, wonach ihm ist. Natürlich kann er das. Nur ob das schlau ist? Schulveranstaltungen sind offizielle Anlässe. Sie wollen dort für Ihr Kind einen guten Eindruck erwecken? Für diejenigen, die Anregung wünschen, hier ein paar Tipps. (Die anderen überlesen diesen Abschnitt.)

Kleiden Sie sich nach Knigge am besten »casual«. Casual bedeutet so viel wie frei oder bequem. Dementsprechend steht Casual Look für elegante Freizeitbekleidung. Das bedeutet nicht, dass Leggins und Tennissocken angesagt sind! So tragen Väter zum Beispiel Hose mit Jackett und Polo-Shirt. Die Krawatte kann natürlich getrost im Schrank bleiben. Häufig wird auch das Jackett weggelassen und stattdessen ein Pulli getragen. Die Mütter tragen beispielsweise Rock mit Blazer und T-Shirt. Auch gepflegte Jeans mit einem Blazer kombiniert sind für Herren wie Damen akzeptabel.

Don'ts für Damen sind in jedem Fall durchscheinende Blusen ohne entsprechende Unterwäsche. Auch Miniröcke von der Länge breiter Gürtel sind für Mütter, die in der Elternversammlung ernst genommen werden möchten, ebenso unangebracht wie ein zu tiefes Dekolleté.

Schweres Parfum geht weder für Mütter noch für Väter. Sie müssen beim Elternabend 1 ½ bis 2 Stunden zusammen verbringen. In dieser Zeit sollte sich niemand von dem Duft anderer belästigt fühlen müssen.

Auch für Väter gibt es Don'ts. Ihr Blaumann gehört nach der Arbeit in den Spind. Die Jeans, in denen Sie Ihr Motorrad repariert haben, in die Waschmaschine.

Sie haben den Klassenraum Ihres Kindes gefunden und nehmen Platz. Wer mitgedacht hat, nimmt schon einmal einen Stift und einen Block aus der Tasche.

Die Feststellung der Anwesenheit ist bei manchen Elternversammlungen schon das Spannendste. Üben Sie sich also bitte in Geduld, wenn Sie danach stundenlang mit Dingen konfrontiert werden, die Sie nicht interessieren. Nicht alle Lehrer sind Entertainer. Seien Sie bitte nachsichtig. Wenn Sie zwischendurch sanft entschlafen – für die meisten ist dies das Ende eines langen Arbeitstages – ist das nicht schlimm. Schlimmer wäre, wenn Sie aufgrund Ihrer Erschöpfung anfingen zu pöbeln oder den Lehrervortrag mit negativen Kommentaren zu begleiten.

Stellen Sie keine Fragen, die ausschließlich Ihr eigenes Kind betreffen. »Also, unser Marvin hat ja Stress mit Celine. Könnten Sie das bitte regeln?« Das interessiert niemand anderen und hielte nur auf. Für derartige Fragen wird nach Beendigung des gemeinsamen Teiles immer Gelegenheit sein.

Stellen Sie sich der Lehrkraft noch einmal persönlich vor, sie wird trotz Vorstellungsrunde noch nicht alle Namen erinnern. »Mein Sohn ist Patrick Kauer. Ich habe da noch eine Frage.«

Die Klassenlehrkraft wird sich zu Beginn des Elternabends für Ihr Erscheinen bedankt haben. Schön wäre, wenn die Eltern sich am Ende der Veranstaltung auch bei ihr bedankten, denn auch für sie war dies das Ende eines langen Tages.

Jetzt kennen Sie den Klassenlehrer und, wenn Sie Glück haben, auch Fachlehrer Ihres Kindes. Sie können nun das Schulgeschehen und das, was Ihr Sprössling Ihnen erzählt, um einiges besser einschätzen.

14. Warum es schlau ist, sich zum Elternvertreter wählen zu lassen

»Wir müssen heute zwei Klassenelternvertreter und zwei Ersatzvertreter wählen«, kündigt die Lehrerin beim Elternabend an. Dann erläutert sie die Aufgaben, die dieses Amt mit sich bringt. Sie kennt das schon. Niemand meldet sich. Das Unterfangen gestaltet sich einfacher, wenn anwesende Eltern sich schon aus der Grundschule oder aus früheren Schuljahren kennen. In dem Fall erfolgen in der Regel bald Vorschläge.

Handelt es sich um Eltern, die sich schon aus dem Vorjahr kennen, kürze ich die Wahl immer ganz pragmatisch ab. Es ist dann eine Sache von zwei Minuten, was jedes Mal zu viel Vergnügen in der Elternschaft führt. Das geht so: »Wer legt Wert auf eine geheime Wahl? Bitte die Hand heben.« Keine Hand wird gehoben. »Ist irgendwer dagegen, dass Frau X und Herr Y das Amt weiterhin bekleiden? Bitte die Hand heben.« Es war noch nie jemand dagegen! »Dann bestätige ich unsere Elternvertreter. Herzlichen Glückwunsch.« Selbstverständlich ist eine solche Wahl aus Sicht des Lehrers super und bei positiv gestimmten und zufriedenen Eltern auch anwendbar. Ob Ihnen eine solche Wahl genügt, müssen Sie jedoch entscheiden.

Ich rate Ihnen dazu, sich in das Amt eines Elternvertreters wählen zu lassen. Näher können Sie nicht an Info und Kontakt zum Klassenlehrer und zur Lehranstalt kommen. Hier haben Sie nicht nur die Möglichkeit, zwischen Eltern und Schule zu vermitteln. Gegebenenfalls bekommen Sie, sofern Sie das wollen, sogar die Chance, sich kreativ an der Gestaltung des Schulalltags zu beteiligen. In jedem Fall wird man Sie ernst nehmen. Sie sind nicht nur Partner, Sie sind auch Spiegel und Controller.

Elternvertreter nehmen auch an Klassenkonferenzen teil. Dabei kann es sich um Verhandlungen disziplinarischer Art handeln oder auch um pädagogische Konferenzen zum Leistungsstand und der Situation der Schulklasse. An Zeugniskonferenzen nehmen Elternvertreter nicht teil.

Elternratsmitglieder können in die Schulkonferenz (in Bayern Schulforum, in Niedersachsen Schulvorstand und in Rheinland-Pfalz Schulausschuss genannt) gewählt werden. Dabei handelt es sich um das oberste Mitwirkungs- bzw. Beschlussgremium an Schulen. Die Zusammensetzung unterscheidet sich von Bundesland zu Bundesland. In Hamburg ist es ein Gremium aus Schülern, Eltern, Hauspersonal und Lehrern. Das Votum der Schulkonferenz ist allen wichtigen, die Schule betreffenden Entscheidungen vorgeschaltet.

Besonders engagierte Eltern lassen sich in den Landeselternrat wählen. Hier haben Sie die Chance, auf Landesebene bildungspolitisch tätig zu werden.

15. Was sollte ich vor einem Eltern-Lehrer-Gespräch wissen?

Lehrer sind komisch. Meist leider nicht »Ha-ha-komisch«, sondern zuweilen eher sonderbar. Ich rate Ihnen dringend, sich über zwei Dinge zu informieren, bevor Sie zum Termin gehen. Erstens müssen Sie wissen, mit wem Sie es zu tun bekommen, wie dieser Lehrer tickt. Zweitens sollten Sie detailliert und objektiv über die Vorkommnisse und Umstände informiert sein, die Sie zur Sprache bringen wollen. Mit Halbwissen oder falschen Infos haben Sie schnell verloren. Mit ein wenig Einfühlungsvermögen werden Sie den richtigen Ton finden.

Frau B. geht der Ruf voraus, niemals pünktlich zu sein. Ihren Unterricht beginnt sie gern eine Viertelstunde später, weil sie sich einfach nicht auf die Reihe kriegt. Ihnen als Gesprächspartner würde sie diese Viertelstunde niemals einräumen, denn großzügig ist sie nur mit sich selber. Seien Sie also in jedem Fall pünktlich, auch wenn das Warten bedeutet.

Frau K. kennt man rechthaberisch und ihre Launen sind unberechenbar. Sollten Sie mit ihr sprechen müssen, nehmen Sie vorher ein wenig Baldrian. Es darf Ihnen nicht passieren, dass Sie sich durch ihre manchmal anmaßende Art provozieren lassen.

Herr H. ist ein ungeduldiger Kerl. Er kann nicht abwarten, bis sein Gegenüber ausgeredet hat. Meist fällt er dem Gesprächspartner ins Wort. Das muss man kontern, ohne ihn zu verärgern, oder aushalten können. Ich bin für Ersteres. Lehrer brauchen Spiegel.

Herr P. ist bekannt für seine Anzüglichkeiten. Schülerinnen beklagen sich häufig darüber, dass er Ihnen in den Ausschnitt schielt. Die meisten gehen deshalb nur noch hochgeschlossen in seinen Unterricht. Vielleicht folgen Sie als Mutter ihrem Beispiel?

Frau Dr. C. versucht jeden von ihrer eigenen Lebensart zu überzeugen. Dieser Missionarsdrang geht vielen auf die Nerven. Wenn Sie die Toleranz besitzen, das zu ertragen, werden Sie es leicht mit ihr haben, denn Frau Dr. C. meint es gut mit Ihren Schülern.

Lassen Sie sich von Ihrem Nachwuchs die misslichen Umstände genau erklären, wegen derer Sie zum Elterngespräch gehen wollen oder müssen. Machen Sie ihm deutlich, dass er sich nicht verstellen muss und ganz ehrlich sein darf. Wenn Carl-Friedrich Ihnen grünes Licht gibt: »Du kannst ja Tim fragen, wenn du es genau wissen willst!«, nehmen Sie den Vorschlag an. Ein Problem aus einem anderen Paar Schuhe zu betrachten, kann nie schaden.

Geht es um die Bewertung einer Klausur, beschaffen Sie sich Vergleichsarbeiten und prüfen Sie, so Sie das können, die Unterschiede. Sie können auch einen anderen Lehrer Ihres Vertrauens um Unterstützung bitten. Er wird sich allerdings selten offen gegen einen Kollegen stellen. Ihr Geschick ist gefragt.

Was auch immer Inhalt der Unterredung ist, bleiben Sie sachlich! Bemühen Sie sich um einen freundlichen Ton, lächeln Sie, solange Sie können. Klagen Sie Ihr Gegenüber niemals an. Stellen Sie stattdessen Fragen. »Kann es sein, dass …? Sind Sie der Meinung …? Können Sie sich vorstellen, dass …? Darf ich annehmen …?«

Vermeiden Sie in jedem Fall, dass eine Lehrkraft sich durch Sie in die Enge gedrängt fühlt!

16. Warum es nicht schlau ist,
Lehrer in die Enge zu treiben

Lehrer sind gewohnt, zu führen. Nur selten wird ihre Rolle infrage gestellt. In der Schule haben sie außerdem Heimvorteil.

Im Zweifelsfall hat der Lehrer, den Sie ärgern, den längeren Arm Ihrem Kind gegenüber. Immer sollten Sie vor einem Zusammentreffen wissen, mit wem Sie in den Ring steigen.

> »Mum, der Clasen ist echt ein Blödmann. Der hat die Klausur schon seit drei Monaten nicht zurückgegeben. Ich weiß nicht, wie ich mich in Physik verbessern soll, wenn ich nicht weiß, was ich nicht weiß!«, klagt Ihre Tochter. Der Physiklehrer gilt als Aussitzer oder auch extrem fauler Typ. Klausuren liegen bei ihm, bis sie schimmeln. Manchmal verschwinden sie auch ganz.

Einem solchen Lehrer treten Sie am besten mit entspanntem Humor entgegen. Reden Sie über Gott und die Welt oder die Bienenzucht, die sein Hobby ist. Wenn Sie sich dem Punkt Ihres Anliegens nähern, erklären Sie aus Sicht besorgter Eltern den Wunsch nach einer zeitnahen Rückgabe von Klausuren. Vergessen Sie nicht zu bekunden, dass Lehrer ja wirklich enorm unter Arbeitsüberlastung leiden. Herr Clasen muss sich verstanden fühlen. Wenn er sich angeklagt sieht, könnte das nach hinten losgehen.

Sollte diese Art der Annäherung an das Problem allerdings nicht helfen, kann ich Eltern gut verstehen, die sich an die Schulleitung wenden. Das geschieht am besten über den Elternrat, damit der Vorstoß das richtige Gewicht hat und nicht als Einzelmeinung abgetan werden kann.

Manche Lehrer verstecken ihre Unsicherheit hinter autoritärem Gebaren. Sie wären gern Alphatiere, sind es aber leider nicht. Solche Personen drängen Sie am besten nicht mit kritischen Fragen oder Bemerkungen in die Defensive. Sie könnten giftig reagieren.

»Die Kluge ist so was von blöd!«, beschwert sich Ihr Sohn. »Ich hab vor zwei Wochen meine Kursmappe abgegeben. Du hast die gesehen, erinnerst du dich? Jetzt behauptet sie, ich hätte das vergessen. Denn sonst hätte sie die ja. Und sie will mir eine 6 geben.«

Frau Kluge geben Sie am besten die Möglichkeit, sich trotz ihres offensichtlichen Versehens gut zu fühlen. Das ist schwer, denn autoritären Personen kommt man mit Vorwürfen gern quer. Mit »mein Sohn hat aber …«, kämen Sie nicht weit. Erzählen Sie ihr deshalb, dass Leon Ihnen die fertige Kursmappe vorgelegt hat und dass sie erstaunt waren, wie akkurat er das dieses Mal gemacht hat. Gehen Sie auch auf den Inhalt ein und signalisieren Sie damit, dass Sie persönlich die fertige Mappe gesehen haben. Zeigen Sie Verständnis dafür, dass zwischen all den Arbeiten mal eine im falschen Haufen landen kann. Bitten sie Frau Kluge, doch einfach im Stapel der 10 g oder d nachzuschauen. Vielleicht, wer weiß …

Bedanken Sie sich für das freundliche Gespräch und harren Sie seiner Auswirkung. Sollte die Mappe sich trotzdem nicht anfinden, haben Sie ein Problem, denn Ihr Kind muss die Chance auf eine gute Note haben. Dazu müsste jedoch eine Leistung vorliegen. Wenn auch zähneknirschend, weil es zu seinen Lasten geht, können Sie um die Möglichkeit bitten, dass Ihr Sohn eine Ersatzleistung erbringen darf, weil Sie sicher sind, dass seine Mappe verloren gegangen ist.

Alternativ machen Sie das große Fass auf. Ihr Wort steht gegen das der Lehrerin. Sie beschweren sich bei der Schulleitung über deren Schlamperei. Wahrscheinlich werden Sie erreichen, dass die 6 verschwindet. Allerdings liegt damit noch immer keine Leistung Ihres Sohnes vor. Die Frage ist auch, welche Langzeitfolgen eine solche Vorgehensweise hat. Sie haben völlig Recht, wenn Sie sagen: »Ich krieche doch nicht zu Kreuze, weil die Lehrerin schlampig ist«, und wenn Sie Gerechtigkeit einfordern. Die Frage ist doch aber, wie Sie Ihr Ziel erreichen können. Vielleicht bietet man Ihnen an, die Vorjahresnote zu geben, weil sonst nichts da ist. Falls diese Note gut war, eine Lösung. Wenn aber nicht, nicht gut für Ihren Sohn. Man kann auf sein Recht pochen, aber führt das immer zum erwünschten Ergebnis?

Vielleicht überdenken Sie Ihr Problem noch einmal und vergleichen es mit einem außerschulischen Vorfall? Wie war das mit den Steuerunterlagen im letzten Jahr? Es fehlten Belege, von denen Sie genau wussten, dass sie dabei gewesen waren. Sie waren ärgerlich wegen der Schlamperei im Amt, trotzdem haben Sie sich sofort um Ersatzbelege gekümmert. Es ging ja um Ihr Geld!

Ich möchte sehr deutlich sagen, dass ich nicht empfehle, vor Lehrern zu kuschen, wenn sie im Unrecht sind. Für mich geht es jedoch in jedem Fall um das Wohl des Schülers. Und dafür kann ich als Mutter auch mal nachgeben.

> »Ich bin echt sauer!«, beschwert sich ihr Sohn. »Erst flachst er mit uns rum, lässt sich sogar mit einem Eimer Wasser übergießen. Wir beschimpfen uns spaßeshalber gegenseitig, was das Zeug hält. Alle sind gut drauf. Herr Meier auch. Von einer Sekunde auf die nächste ist es plötzlich ernst und er schreit mich an, was mir einfiele, ihn zu beschimpfen. Der ist doch echt …«

Herr Meier ist ein Kumpel-Typ. Alle beobachten, dass er ein prima Verhältnis zu seinen Schülern hat, ihnen aber zu viel durchgehen lässt. Das Rollenverständnis Lehrer – Schüler vermischt und verkehrt sich dann irgendwann. Diese gegenseitigen groben Beschimpfungen kommen wie ein Spiel immer wieder vor. Kollegen finden das befremdlich. Das Problem ist, dass Herrn Meier das jedes Mal an einem bestimmten Punkt selbst zu viel wird und er dann seine Schüler dafür bestraft.

Im Gespräch sollten Sie Herrn Meier vielleicht eine kleine Anekdote erzählen, die Ihr Problem trifft. Ich nenne es das »Zauberlehrling-Prinzip«: »Die ich rief die Geister, werd' ich nun nicht los.« Lehrer sollten bei aller Nähe zu Ihren Schülern niemals die Ebenen verwechseln und das auch den Probanden nicht erlauben. Man kann gemeinsam viel Spaß haben, aber es gibt Grenzen.

Wenn Sie im Gespräch Herrn Meier erläutern, dass die Schüler ihn toll fänden, dass Jugendliche aber leider dazu neigen, Grenzen zu überschreiten, wenn sie sich zu wohl fühlen, wird er das vielleicht nicht verstehen. Bitten Sie ihn deshalb, klare Ansagen zu machen, die die Schüler einhalten können. Wenn die dann übertreten werden, sei es in Ihrem Sinne, das zu bestrafen. Es kann nämlich gut angehen, dass Herr Meier sich mit seiner kumpelhaften Art selbst überfordert und irgendwann überreagiert, weil das die einzige Bremse ist, die er kennt.

Nicht nur bei Lehrergesprächen sollte man sich darum bemühen, auf Schuldzuweisungen zu verzichten. Wenn man seinen Gesprächspartner gegen die Wand argumentiert, wird das leicht zum *way of no return.*

17. Was gute Kontakte zu anderen Eltern wert sind

Familien, die auf dem Lande wohnen, sind meist gut vernetzt, was sich Städter abschauen können. Wege sind hier länger und Eltern müssen ihre Kinder häufig mit dem Auto irgendwohin fahren. Solange die die Grundschule besuchen, können sie meist den Schulbus nehmen. Befindet sich die weiterführende Schule jedoch in der Stadt, liegt es nahe, dass Eltern einen Fahrdienst einrichten.

Wenn um 13 Uhr der Unterricht zu Ende ist, nehmen die »Diensthabenden« andere Kinder zum Mittagessen mit nach Hause. Danach werden gemeinsam die Aufgaben gemacht. Bis deren Eltern von der Arbeit nach Hause kommen, spielen die befreundeten Kinder zusammen. Hier müssen Schulkinder nicht allein zu Hause sein, was besonders wichtig ist, wenn sie sich nicht wohlfühlen oder sogar krank sind.

Neben diesen alltagspraktischen Gründen, haben Eltern gemeinsam immer einen besseren Stand, was sämtliche die Schule betreffenden Fragen angeht. Man fühlt sich nicht allein, sondern kann sich beraten, Strategien und gemeinsame Vorgehensweisen gegen die Institution Schule entwickeln. Hier werden Elterngruppen immer ernst genommen, während man es als Einzelner manchmal schwer hat.

Wie eingangs schon erwähnt, ist das System Schule ein ganz besonderer Kosmos. Man sollte sich nicht vertun, zu glauben, dass man sich auskenne, nur weil man schließlich lange genug hingegangen ist. Schule ist das Eine, die Lehrer sind das andere.

… und noch ein wenig respektlos zum Schluss (tut doch immer wieder gut!):
»Lehrer sind Menschen, die uns helfen, Probleme zu lösen,
die wir ohne sie gar nicht hätten.«

18. Ist Nachhilfeunterricht sinnvoll?

Nachhilfe kommt von nachhelfen. Das Wort macht schon deutlich, dass sein Inhalt nicht von Dauer sein kann. Jemand, dem man nachhelfen muss, weil er es allein nicht kann, sollte auf lange Sicht in der Lage sein, allein zu schaffen, wobei ihm geholfen wurde.

Sie denken, wer so schreibt, dem sollte man nachhelfen? Wenn Ihr Kind von schulischen Anforderungen langfristig überfordert ist, besucht es womöglich die falsche Schule. Nachhilfe macht ausschließlich punktuell, zielgerichtet und zeitlich begrenzt Sinn. Wenn Ihr Nachwuchs durch Krankheit oder anders begründete Abwesenheit Unterricht versäumt hat, kann gute Nachhilfe die entstandenen Lücken auffüllen.

Wenn zeitweilig Verständnisprobleme auftreten, die der Fachlehrer nicht beheben kann, ist Nachhilfeunterricht der richtige Ansatz. Wenn Nachhilfe permanent und in mehreren Fächern nötig ist, damit Ihr Kind den Anschluss behält, dann stimmt etwas nicht.

Ahmed geht zweimal in der Woche in ein Nachhilfeinstitut. Das ist relativ kostengünstig und mehrere Mitschüler treffen sich dort. Leider verbessern sich Ahmeds Leistungen auch nach einem Schulhalbjahr nicht. Die Eltern sind unzufrieden und fragen um Rat. Vermutlich sind die Schüler dort nicht unter Kontrolle und verspielen ihre Zeit. In diesem Institut werden Schüler in Gruppen bis zu acht Kindern betreut. Es leuchtet ein, dass dabei das Problem des Einzelnen nicht immer bedient werden kann. So verflacht, was Nachhilfe heißt, hier häufig zu Hausaufgabenhilfe, womit aber kein Lernzuwachs gesichert ist. Guter Nachhilfeunterricht erkennt das Lernproblem eines Schülers und sucht Wege, ihm die Lücke schließen zu helfen.

Ich empfehle deshalb gern Einzelunterricht. Ohne Ablenkung ist der Schüler auf seine Fragen konzentriert und übt deren Lösungen. Eine gute Nachhilfelehrkraft schafft auch für schwierige Schüler (z.B. ADHS) eine passende Lernatmosphäre und interessante Aufgabenstellungen, die solche Kinder fesseln und trotz ihrer Schwäche voranbringen.

> Louis (10) hat ADHS. Seine Eltern lassen ihn therapieren, geben aber keine Medikamente. Louis kann nicht lange stillsitzen. Sich über längere Zeit zu konzentrieren, fällt ihm schwer. Beim Rechtschreiben verfällt er häufig in vorschnelles inneres Abhaken – *das kann ich* – und konzentriert sich nicht. Die Folge sind reihenweise Fehler und schlechte Klausurergebnisse, denn in jeder gibt es auch einen Rechtschreibfaktor. Als Nachhilfelehrerin sehe ich meine Hauptaufgabe darin, Louis so zu motivieren, dass er mit seinem Kopf dabei bleibt. Da ihm Rechtschreibung offenbar ziemlich schnuppe ist, muss ich ihn woanders packen. »Louis, du wirst für jeden Schreibfehler, den du machst und nicht korrigierst, in Zukunft zwei Cent bezahlen. Die sammeln wir in diesem Topf.« »Und was machen wir damit, wenn der Topf voll ist?« »Wieso wir? Nur ich! – Das ist Schmerzensgeld, weil du mich mit deinen Fehlern quälst.« Er ist ein kleiner Geizkragen, das weiß ich. Louis lacht: »Ich glaube, da wirst du lange warten müssen, bis der Topf voll ist.« – Ich wäre nicht traurig. Louis macht sich seit dieser Abmachung einen Sport daraus, jeden noch so kleinen Fehler zu finden, damit ich leer ausgehe. Und tatsächlich werden es weniger, von Mal zu Mal.

Nun ergeben sich nicht immer derartige Sternstunden, aber mit ein wenig Nachdenken lassen sich zumindest spannende Aufgabenstellungen oder Unterbrechungen finden, die einem helfen, zur Konzentration zurückzufinden.

Wie kommen Sie als Eltern an guten Nachhilfeunterricht?
- Checken Sie die Angebote verschiedener Institute (Internet, Kleinanzeigen, TV). Klären Sie Lernbedingungen und

Preise. Profitieren Sie von den Erfahrungen anderer bei der Auswahl.

– Fragen Sie den Fachlehrer des betreffenden Faches, ob er jemanden kennt, der Ihrem Kind helfen könnte. An jeder Schule verdienen sich Schüler aus oberen Klassen gern etwas dazu.

– Kontakten sie einen Lehrer a.D. Bei ihm ist ihr Kind vermutlich am besten betreut.

– Manchmal ist die Lösung viel einfacher und kostenlos. Schüler einer Klasse helfen einander gegenseitig. Ihr Kind unterstützt jemanden, der gut Mathe kann, in Englisch oder umgekehrt.

Sollte sich herausstellen, dass alles nichts nützt, ist das nur ein kleines Problem, sofern die Lernschwäche sich auf ein einziges Fach begrenzt. Eine Note unter dem Strich kann man sich leisten. Sollten aber mehrere Fächer im Argen liegen, müssen Sie die Notbremse ziehen. Quälen Sie Ihr Kind nicht länger. Schauen Sie sich nach einer Schule um, die zu den momentanen Möglichkeiten Ihres Nachwuchses passt. Es kann gut sein, dass die Schwäche überwindbar ist und zwei Jahre später alles ganz anders aussieht. Besonders bei Jungen gibt es während der Pubertät so etwas wie »Entwicklungsstau«, der sich irgendwann auflöst. Ich vergleiche dieses Phänomen gern mit einer Rohrverstopfung, die sich durch die Gabe von Chemie schlagartig auflöst. Schon fließt es, wie es muss. Immer wieder haben Jungen mit nur mittelprächtigen Leistungen in Klasse 8 sich ganz plötzlich entfaltet und später ein gutes Abitur gemacht.

19. Smartphones im Unterricht

Kaum ein Schüler geht heute noch ohne Handy aus dem Haus. In vielen Schulen ist der Gebrauch der Geräte jedoch per Schulordnung verboten. Niemand möchte sich vorstellen, wie der Unterricht verläuft, wenn 29 Schüler What's App, SMS, Mails oder Anrufe bekommen, die alle von den schönsten Klingeltönen begleitet werden.

Mancherorts werden die Handys bei Zuwiderhandlung einkassiert und am Ende des Schultages zurückgegeben. Andere Schulen geben sie erst nach drei Tagen zurück oder die Eltern müssen sie abholen. Das ist nicht rechtens. Andererseits kennt jeder Schüler die Regel und auch die Konsequenz bei Verstoß dagegen. Die Entscheidung, ob er das Risiko eingeht, sein Handy einzubüßen, liegt bei ihm. Die Ausrede »Ich wollte doch nur mal eben …« zählt nicht.

Für manchen Unterricht ist es durchaus von Vorteil, wenn Schüler ihr Handy mit Internetflat zu Recherchezwecken dabei haben, denn die wenigsten Schulen können all ihren Schülern Laptops zur Verfügung stellen. Hier fragen die Schüler, ob sie ihr Smartphone benutzen dürfen.

Als Eltern sind Sie gefragt, ihrem Nachwuchs plausibel zu machen, warum der Smartphone-Gebrauch in der Schule untersagt sein muss. Sollte Ihr Kind damit ein Problem haben, dürfte der Grund darin liegen, dass es nicht bereit ist, Regeln einzuhalten, die nicht seine sind. In diesem Fall haben auch Sie ein Problem.

20. Wie geht die Schule mit sozialen Fragen um?

Schule ist ein abgeschlossener kleiner Kosmos und in gewisser Weise auch ein Schutzraum. Die Rädchen, die hier ineinander greifen, sind für Außenstehende kaum zu erkennen und auch nicht unbedingt zu verstehen. Manches erscheint Ihnen vielleicht befremdlich, anderes sogar weltfremd. Über das Thema *Smartphones im Unterricht* haben wir gerade gesprochen. Aber was ist mit den Pausen?

»Die Schüler dürfen in den Pausen nicht mit ihren Mobiltelefonen spielen oder damit Musik hören. Sie sollen Kontakte pflegen, sich unterhalten und spielen.« Ja! Dem stimmen Sie sicher gern zu, nicht wahr? Wäre das nicht schön, wenn unsere Kinder wieder Fangen spielten, Verstecken und »Fischer, wie tief ist das Wasser?« Leider sieht das spätestens ab der 4./5. Klasse anders aus. Die Heranwachsenden bewegen sich tatsächlich zu wenig. Davon, dass manches Schulgelände für »Bewegung« auch gar nicht ausgelegt ist, einmal abgesehen.

Jugendliche unterhalten sich anders, als wir es tun, allerdings pflegen sie ihre Kontakte und sie bevorzugen dafür ihre Handys. Interaktion läuft über gemeinsames Musikhören – zwei Kopfhörerstöpsel + zwei Köpfe – oder auch über gemeinsames Videoclips-Anschauen. Apps fliegen in Windeseile hin und her und kosten nichts.

Das Mobiltelefon zu verbieten, scheint mir aus verschiedenen Gründen in dieser Zeit nicht nur weltfremd, sondern auch unklug. Eine schnelle Verbreitung von Nachrichten ist nicht nur schlecht. Viele Kinder und Jugendliche sind durchaus in der Lage, damit verantwortungsbewusst umzugehen. Wie man überhaupt manchmal überrascht sein kann, wie empathisch unser Nachwuchs manchmal ist.

»Du, Mama, wir besprechen jetzt in der Schule, was mit all den Flücht-lingen, die jeden Tag zu uns kommen, geschehen soll. Pia hat gesagt, ihr Vater sagt, die nehmen uns die Wohnungen und die Arbeit weg. Da hat Frau Bergmann sie ganz komisch angesehen und ihr erst mal erklärt, wie das wirklich ist. Das stimmt nämlich gar nicht. Und all die Kinder haben hier jetzt gar nichts, ist das nicht schlimm? – Kann ich Spielsachen zur Sammelstelle bringen?«

Mama ist begeistert. Nicht davon, dass so viele Menschen auf der Flucht sind und eine neue Heimat suchen, aber davon, dass die Kinder mit dieser Frage sachlich konfrontiert werden. Ihre Zukunft wird von dieser Problematik tangiert. Man kann sich deshalb nicht früh genug damit auseinandersetzen. Die Schule muss dazu beitragen, die positive soziale Einstellung der Kinder und ihrer Eltern zu stärken.

Soziale Themen ergeben sich ja, wenn man sie zulässt, täglich.

»Wir haben heute über die Berufe unserer Eltern gesprochen. Stell dir vor, wir haben fünf Rechtsanwalt-Väter, zwei Arzt-Mütter und drei Sachbearbeiter-Mütter in der Klasse! Aber Marcels Mutter ist Hartz4.« – »Was ist das, Ben? Hast du das verstanden?« – »Ja, Herr Müller hat uns erklärt, dass das Geld vom Staat ist, das Menschen bekommen, die schon ganz lange keine Arbeit haben und dass die oft nicht daran schuld sind.« »Wie ist denn der Marcel angezogen?« »Na ja, nicht so doll. Seine Sneakers sind schon ziemlich durch, die Jeans auch. Aber er ist ein toller Fußballer.«

Mit dieser Info im Kopf nehmen Sie sich vor, Marcels Mutter zu unterstützen. So etwas regelt man selbstverständlich sensi-bel und nicht lautstark. Sie wissen, dass die meisten Kinder den Schrank übervoll haben. Mit Hilfe der Klassenlehrkraft können Eltern aktiv werden und einen Sozialplan entwerfen. Und wenn das Glück es will, braucht einer der Rechtsanwalts-Väter dringend Unterstützung in seiner Kanzlei und es stört ihn nicht, dass Marcels Mutter schon Mitte vierzig ist – mit ein Grund dafür, dass sie bisher nicht wieder in Arbeit kam. Transparenz und offener Umgang mit sozialen Fragen, das spricht positiv für eine Schule. Kein Kind sollte sich schämen müssen, dass es finanziell nicht mithalten kann.

Wir Lehrer wundern uns allerdings so manches Mal über die Elternhäuser unserer Schüler.

Als eine Kollegin in ihrer Schule in einem der Elbvororte Hamburgs im Verlauf des Unterrichtsthemas *Was Leben kostet,* fragte, wie viel Miete man denn so zahlen müsse, schauten sie über die Hälfte ihrer Schüler zweifelnd an. Bea wagte sich vor: »Frau W., was ist denn ›Miete‹?«

Diese Kinder wussten nicht, dass manche Menschen nicht in eigenen Häusern oder Wohnungen leben.

Sie als Eltern sollten erwarten können, dass die Schule Ihre Kinder umfassend bildet, d.h., nicht nur Vokabeln überprüft, sondern auch Fragen des Lebens behandelt. Gut wäre, wenn Sie auch zu Hause allgemeine Fragen ansprächen, so dass ihre Kinder ein solides Grundwissen aufnehmen. Es schadet ihnen nicht, über den Tellerrand zu schauen und sich zu merken, dass nicht alle Menschen auf Rosen gebettet sind.

21. Sind da Drogen auf dem Schulhof?

Sie sind sich nicht sicher, ob Sie glauben sollen, was Sie gehört haben. Kann es wirklich sein, dass Schüler während der großen Pause Drogen bestellen, die dann zur nächsten Pause oder nach Schulschluss vor Ort sind? An manchen Schulen kommen jugendliche Dealer sogar direkt an den Zaun? Woanders nutzen die Schüler per Handy Kontakte oder bringen schon morgens Drogen mit in die Schule? Ja, darf denn das wahr sein? Unternimmt da niemand was?

Wenn wir von Drogen sprechen, meinen wir im Bereich Schule vor allem Gras, Marihuana und Pillen. Wie ernst muss man diese Fakten nehmen? Jedenfalls muss man davon ausgehen, dass nahezu jede Lehranstalt dieses Problem kennt.

Eine Schule ist ein Betrieb, der seine Existenzberechtigung aus der Höhe der Anmeldezahlen zieht.

Vor Jahren waren mir 48 Schülernamen an unserer Schule bekannt, die im Zusammenhang mit Betäubungsmittelkonsum standen. Den meisten hatte ich persönlich irgendwann ihre Drogen abgenommen. Als Vertrauenslehrkraft erfuhr ich viel. Von mutigen jungen Menschen mit Zivilcourage haben wir schon gesprochen. Ich machte diesen Schülern ein Angebot. Sie mussten mir unterschreiben, dass sie keine Drogen mehr in der Schule konsumieren würden. Im Gegenzug versprach ich, ihre Namen nicht weiterzugeben, wohl aber ihre Unterschriften im Safe zu verwahren.

Die Schule veranstaltete eine Aufklärungskampagne, um die Eltern wachzurütteln und zu sensibilisieren mit dem Ziel, das Problem gemeinsam anzugehen. Die meisten hatten sich zwar über das veränderte Verhalten ihrer Kinder gewundert und auch geärgert, waren aber nicht auf die Idee gekommen, dass es mit

Drogenkonsum zu tun haben könnte. Wie hätten sie es erkennen können? Meist sacken die schulischen Leistungen ab, weil die Konsumenten zunehmend antriebsloser und unkonzentrierter werden. Manche entwickeln Gedächtnisstörungen oder leiden sogar an Verfolgungswahn. Andere kapseln sich von der Familie ab. Die meisten haben unter Drogeneinfluss eine verwaschene Sprache und Koordinationsprobleme. Ihre Reaktionen sind stark verlangsamt. Die Augen sind gerötet, die Pupillen auffällig groß oder Stecknadelkopf klein verengt.

Wenn diese Symptome deutlich werden, ist es angeraten, eine Suchtberatungsstelle aufzusuchen. Sie können die ersten Sitzungen als Eltern auch ohne Ihr Kind buchen. Es braucht ein gutes Maß an Sensibilität, einen Drogenkonsumenten davon zu überzeugen, dass er Hilfe braucht. Die Suchtberatungsstelle gibt Tipps dazu, denn Sie wollen ja keine Schneckenwirkung – Rückzug und Abkapselung – erzielen.

Ein gutes Mittel gegen jegliche Anfechtung ist es, die Kinder von klein auf stark zu machen. Bei jeder Entdeckungsreise muss Ihrem Nachwuchs klar sein, dass er im Notfall Ihre Hilfe hat. Kinder dürfen und müssen auch Fehler machen. In diesen Fällen sollten Sie ihnen die Chance auf »Bessermachen« geben, statt korrigierend einzugreifen. »Komm, mach's noch einmal, Bine, du schaffst das!« Selbstvertrauen ist die beste Waffe gegen jegliche Sucht.

Unsere Maßnahme ging damals voll nach hinten los. Was gut gemeint war und für Transparenz sorgen sollte, wuchs sich zu dem Gerücht aus, wir wären eine Drogenschule. Bei der nächsten Anmelderunde bekamen wir die Quittung. Ein Schülervater, Kriminalkommissar, wollte mich sogar zwingen, die Namen der »Delinquenten« zu nennen. Als ich mich weigerte, drohte er mir Beugehaft an. Ich wäre ins Gefängnis gegangen, denn das Vertrauen der Schüler war auch die Garantie dafür, dass sie sich an unsere Abmachung hielten. Das Ganze ist fast zwanzig Jahre her, aber der Umschlag dürfte noch im Safe liegen.

Viele Jahre später wurde mir eines Morgens zugetragen, dass zwei Schüler, die mir als Konsumenten bekannt waren, wieder Gras dabei hätten. Ich bat um Herausgabe. Als sie sich dumm stellten, machte ich Druck – schließlich gaben sie mir die Plastiktüte mit dem grünen Hanfblatt-Aufdruck, die eine dicke Blüte beinhaltete. Ich packte das Tütchen in einen Umschlag, schrieb meinen Namen drauf und bat ein Mitglied der Schulleitung, ihn im Safe zu verwahren. Eine Woche später brachte er mir den Umschlag zurück mit dem Vermerk, dieser röche so, ich möge ihn bitte wieder an mich nehmen. (Hallo?!) »Und was mache ich damit? Soll ich das selbst rauchen?«

»Ich weiß es nicht. Im Übrigen habe ich hier noch nie so was gefunden.« – »Soll das heißen, ich hätte besser auch die Augen geschlossen?« – Wortlos zog er ab. Da stand ich, neue Besitzerin einer Tüte voll Gras. Was nicht sein darf, das ist auch nicht. Weiß man doch! – Tja.

Wenn Sie Klarheit möchten, sollten Sie versuchen, ein Gespräch mit der Vertrauenslehrkraft der Schüler zu führen. Bitten Sie direkt um Auskunft, wie die Schule sich bezüglich Drogenkonsums verhält. Trotzdem können Sie nicht immer mit einer klaren Positionierung rechnen.

Sie sollten sich allerdings fragen, was Ihnen als Eltern wichtig ist und welche Art Schule Sie suchen: Eine, die sich den heute überall verbreiteten Problemen mutig stellt, Aufklärung betreibt und bestrebt ist, in Zusammenarbeit mit der Elternschaft dagegen anzugehen? Oder möchten Sie lieber ungeprüft einer Schule glauben, die behauptet, es gäbe dort keine Drogen?

Es gibt Drogen auf dem Schulhof.

22. Wie komme ich zu meinem Recht, wenn nichts mehr geht?

Ich wünsche Ihnen nicht, dass Sie bezüglich der Schule Ihrer Kinder Probleme bekommen. Im Regelfall kann man über alles reden und sich meist auch einigen, wenn jede Partei auch nur ein Mindestmaß an Kompromissbereitschaft mitbringt.

Wenn das Kind aber so richtig im Brunnen ist, nichts mehr vor und zurück geht, dann brauchen Sie Unterstützung. Der Verlauf könnte so sein:

1. **Problem mit Zensurengebung**
   → **direktes Gespräch**
   Durch ein vernünftiges Gespräch am Telefon oder auch in der Sprechstunde sollten die meisten Schwierigkeiten aus der Welt zu schaffen sein.

2. **Gespräch ohne Erfolg, Problem bleibt**
   → **Elternvertreter (EV) hinzuziehen**
   Ist dem nicht so, hat der/haben die Elternvertreter die Aufgabe, sich für Ihr Kind zu verwenden.

3. **Versuch durch EV erfolglos**
   → **Elternratsvorsitzende/n kontakten**
   Bleibt deren Einsatz erfolglos, kann der Elternvertreter den Elternratsvorsitzenden (ERV) um Hilfe bitten.
   Sie können den Elternratsvorsitz auch auslassen und sofort den Beratungslehrer (BL) hinzuziehen, so es diesen gibt.

4. **Versuch durch EV + ERV erfolglos,**
   → Beratungslehrer/in einschalten
   Bleibt auch das erfolglos, lassen Sie den Beratungslehrer/ERV
   die Schulleitung informieren

5. **Versuch BL**
   → Schulleitung einschalten
   Führt auch das nicht zur Lösung, die oberste Instanz hin-
   zuziehen!

6. **keine Lösung möglich?**
   → Schulamt/Oberschulrat einschalten

Behörden sind hierarchisch aufgebaut. Jedes Amt hat einen Vorgesetzten. Die Abfolge der Stationen ist dadurch vorgegeben
und Sie sollten sich daran halten.

Ich wiederhole gern meinen Rat: Stellen Sie sich auch in die
Schuhe Ihres Gegenübers. Beleuchten Sie Ihr Anliegen von der
anderen Seite. Manchmal sieht ein Problem dann schon wesent-
lich weniger dramatisch aus. Eine freundliche Kompromisslö-
sung ist meist besser als alles, was danach käme.

Sollte das Problem allerdings wirklich gravierend sein, haben
Sie den Mut, es durchzukämpfen. Sie zeigen damit Ihrem Kind,
wie wichtig es Ihnen ist und machen sich später keine Vorwürfe,
nicht alles versucht zu haben.

23. Darf man Lehrern etwas schenken? – Und was?

Was Lehrer als Geschenk annehmen dürfen, ist von Bundesland zu Bundesland unterschiedlich geregelt. In jedem Fall dürfen Gaben einen gewissen Wert nicht übersteigen, denn Bestechung oder Vorteilsnahme sollen ausgeschlossen sein. Am besten erkundigen Sie sich nach der Obergrenze in Ihrem Wohnort.

Was so ein Geschenk kosten darf, was überhaupt in Frage kommt? – Tja …

Es kommt auf den Anlass an. Nachwuchs, Geburtstag, Hochzeit? Pensionierung? Grundsätzlich unterscheiden wir zwischen dem, was Schüler und dem, was Eltern schenken können.

Um vernünftig schenken zu können, sollten Eltern wissen, was ankommt. Welchen Geschmack müssen Sie treffen? Hat die betreffende Person einen Garten? Dann wird eine Pflanze immer richtig sein. Darin stehen zahlreiche Rosen, von der 10a des Jahres 2012, von der 10b des Jahres 1984, … Bei Blütenpflanzen allerdings bitte immer die Lieblingsfarbe herausfinden! Jemandem, der weiße Rosen liebt, schenken Sie am besten keine in Orange.

Immer angebracht sind Fotobücher mit Erinnerungen an gemeinsame Erlebnisse. Für die meisten Lehrkräfte wäre wohl auch ein Buchgutschein oder eine interessant zusammengesammelte Bücherkiste ein passendes Geschenk. Auch eine Eintrittskarte für Konzert, Theater oder Oper, günstiger meist ein Gutschein, wird gut ankommen.

Typische Schülergeschenke sind Dienstleistungen wie Rasenmähen oder Autowaschen. Auch Katze hüten, Hund ausführen oder Schuppenanstreichen sind Optionen.

Obwohl Abschiedsgeschenke frei von dem Verdacht sind, als Anreiz für besondere Zuwendung zu gelten, würde ich als

Gruppengeschenk 100 € nicht überziehen. Das sind 3–5 € pro Schüler. Jeder ehemalige Lehrer wird sich aber wohl am meisten über Events freuen, bei denen er »seine Kinder« wiedersieht. Schenken Sie Grillen am Fluss, Picknick im Wald, eine Fahrrad-Rallye, gemeinsamen Sport (Bowlen, Kegeln, Boßeln, Swingolf, Kanufahren, Segeltörn …).

Lassen Sie sich möglichst etwas einfallen, bei dem alle beteiligt sind, Eltern, Schüler und die Lehrkraft.

Ein Tischler hat nach vollendeter Arbeit den fertigen Stuhl vor sich. er kann stolz auf sein Werk sein, denn er sieht, was er geleistet hat. Eine Lehrkraft weiß in der Regel nicht sofort, ob sie erfolgreich gearbeitet hat. Ihre Leistung ist nicht greifbar.

Wertschätzung und die Anerkennung ihrer Arbeit wären so ein Stuhl, auf den sie sich gern setzen wird.

II Unser Kind und die Schule

1. Wie sich ein Schüler richtig kleidet ...
... und warum Schulkleidung eine gute Sache ist

»Darf ich heute bitte das neue Kleid anziehen?« Sie können dem Bitten ihrer 8-jährigen Tochter nicht widerstehen, das geliebte Kleid in der Schule zu tragen. Es sieht ja auch richtig süß aus, vorn mit den vielen kleinen Knöpfchen.

Als am Abend die Klassenlehrerin anruft, sind Sie erstaunt. Was kann es so Dringendes geben? Sie macht ein wenig Smalltalk, kommt dann aber rasch zum Punkt.

»Bitte seien Sie so freundlich und sorgen dafür, dass Elisa an den Tagen, an denen sie Sport hat, etwas Praktisches trägt. Heute hat sie nach der Sportstunde die gesamte Pause und noch den Beginn der folgenden Stunde benötigt, sich wieder anzuziehen und ihr Kleid zuzuknöpfen. Meine Hilfe lehnte sie ab.«

Unpraktisch können auch Schnürschuhe sein, wenn ein Kind noch keine Schleifen binden kann. Sogar Strumpfhosen überfordern Grundschüler, wenn es um das Umkleiden beim Sport geht.

Grundschulkinder sollten generell praktische und robuste Kleidung tragen. In den Pausen geht es hektisch und nicht immer sanft zu. Wenn ein Kind dann darauf achten muss, sich nicht schmutzig zu machen oder seine Kleidung zu schonen, ist das eine Einschränkung, die man vermeiden kann.

Als Eltern können Sie an Ihrer Schule anregen, eine einheitliche Schulkleidung einzuführen. Das hat mehrere positive Funktionen. Schulkleidung ist kostengünstig und strapazierfähig,

Sie sparen bei normaler Kleidung – und Schulkleidung stärkt das WIR-Gefühl der Schüler.

Grundschüler tragen gern das Gleiche wie der Freund oder die Freundin. Hier ist Mannschaftsgeist noch »in«. Gelingt Ihnen dieser Schritt schon vor der Einschulung, haben Sie eine entspannte Zeit vor sich.

Wenn Sie Hilfe bei der Einführung einheitlicher Schulkleidung benötigen, wenden Sie sich gern an mich – k.brose@gmx.net oder »Schulkleidung ist nicht Schuluniform«, ISBN 3-00-016953-9)

Die körperliche Entwicklung, besonders der Mädchen, setzt sichtbar unterschiedlich früh ein. Die Reaktion der Betroffenen darauf bewegt sich von himmelhoch jauchzend bis total betrübt und verunsichert.

Lehrkräfte sind oft überrascht, was sie diesbezüglich schon in 5. und 6. Klassen, in denen die Schüler zwischen 11 und 12 Jahren alt sind, erwartet. Da sitzen manche Mädchen mit vollem Make-up und einem Outfit, als warteten sie auf ihren Auftritt oder darauf, dass die Disco endlich öffnet. Selbstverständlich sollen Kinder und Jugendliche sich ausprobieren, testen, sich finden, auch was ihr Äußeres angeht. Die Schule ist dafür jedoch nicht ganz der richtige Ort, denn sie ist der Arbeitsplatz der Schüler und Lehrer. Sie als Eltern stehen, so Sie das bis jetzt versäumt haben, nun vor der unerfreulichen Aufgabe, Ihrer Tochter – meist ist sie es und nicht Ihr Sohn – nachhaltig zu verdeutlichen, wie man sich für einen Arbeitsplatz richtig kleidet und zurechtmacht.

Das Outfit sollte schlicht und bedeckend sein. Das gilt auch für Schülerinnen, deren Religion das nicht vorschreibt. Es gibt keine Auslegungsunsicherheit, wenn Sie konsequente Ansagen machen. Der Ausschnitt eines Shirts zeigt weder Unterwäsche noch die Brust. Hemdchen mit Spaghettiträgern fallen damit schon aus. Röcke gehen wenigstens 20 cm über den Po. High

Heels sind für die Schule gänzlich ungeeignet – außer für den Abschlussball natürlich.

Andererseits gibt es Schüler, die sich in diesem Alter am liebsten verkriechen würden.

Janice trug während der gesamten Pubertät nur Schlabberpullis und oversized Jacken. Sie konnte es nicht ertragen, dass ihr Körper Formen annahm. Mit Beginn der 10. Klasse war es vorbei. Janice kam mit einem figurnahen Shirt und engen Jeans aus den Ferien zurück.

Nico lag in seiner körperlichen Entwicklung gegenüber seinen Klassenkameraden deutlich zurück. Er versuchte seinen überschlanken, kleinen Körper durch besonders dicke Jacken zu pushen, die er am liebsten auch im Klassenzimmer anbehielt. Als die Hormone auch bei ihm den Startschuss gaben, war das Problem erledigt.

Das Schminken hat hier kein eigenes Kapitel. Trotzdem möchte ich an dieser Stelle darauf drängen, dass Sie als Eltern dieses Thema nicht ignorieren. Denken Sie nicht »Ach ja, so sind sie, die Mädchen«, seien Sie aber auch nicht zu streng. Versuchen Sie, im Badezimmer Zutritt als »Freundin« oder »Beraterin« zu bekommen. Machen Sie deutlich, dass Make-up genauso wie Kleidung situationsabhängig einzusetzen ist. Unterstützen Sie gern ein dramatisches Make-up zu einer Party, wenn Ihre Tochter das wünscht. Erklären Sie jedoch unmissverständlich, dass Make-up für die Schule anders aussieht.

Finden Sie gemeinsam heraus, was am Gesicht Ihres Kindes besonders schön ist. Bestärken Sie es darin, dieses durch dezentes Schminken hervorzuheben. Wimperntusche und Lipgloss reichen für die Schule meist völlig aus. Machen Sie durch ein Kontrastprogramm deutlich, wie grell so was ausfallen kann, wenn man übertreibt.

Ähnlich verhält es sich mit dem Färben der Haare. Vorsicht ist angesagt! – Dieses Thema bitte rechtzeitig ansprechen, denn Vorbeugen ist besser als heilen. Wer weiß, welche Stars seine Kinder verehren, kommt meist schneller drauf, was ihm blüht.

Wer Jasmins Vorbild war, habe ich nicht herausbekommen, als sie mit 16 eines Morgens so verändert in die Klasse kam, dass ich sie nicht gleich erkannte. Ihr dunkelbraunes, langes Haar war gelb-orange. Die Augenbrauen schwebten bedrohlich wie zwei schwarze Balken über den kohlschwarz geschminkten Augen. Dazu hatte Jasmin einen Lippenstift in pink aufgelegt. Nach dem ersten Schreck habe ich das gemacht, was ich immer tue. Ich traute mich. Dazu ging ich mit ihr in den Nebenraum. Ganz direkt sprach ich ihre für mich negative Verwandlung an. Ich lobe immer zuerst die Vorzüge. So sagte ich ihr, dass sie ein interessantes Gesicht habe, was mit diesen Augenbrauen nun aber so düster und angemalt wirke, dass ihre schöne Stirn gar nicht mehr zur Geltung käme. Dann verwickelte ich sie in ein Fachgespräch über Haare bleichen und berichtete von meinen eigenen Missgeschicken. Sie gab zu, dass es ihr so auch nicht gefiel und sie es beim Friseur ändern lassen wollte. – Am nächsten Tag waren die Haare wieder braun und die Augenbrauen schön gezupft und dezent nachgezogen. »Toll!«

Fauxpas in Bezug auf Kleidung, werden in allen Altersstufen begangen. Je älter die Schüler sind, desto delikater ist der Vorgang des Kritisierens.

Der Sommer war, wie in Hamburg üblich, über Nacht gekommen. Sofort beim Betreten des Raumes der Oberstufenklasse fiel mir Mike ins Auge. Er lümmelte mit baumelnden Beinen auf seinem zurückgekippten Stuhl, so dass das Unterhemd, das er trug, seine gesamte Brust freigab. Nicht, dass sich die nicht sehen lassen konnte, der Körperbau dieses jungen

Mannes war durchaus lecker, was ihm auch bewusst war. Nun bin ich manchmal ein wenig spontan. »Mike«, sprach ich ihn vor versammelter Gruppe an, »haben Sie heute morgen kein T-Shirt gefunden? Oder sind Sie knapp bei Kasse? Sollen wir sammeln, damit sie etwas zum Anziehen kaufen können?« Das Gejohle, das postwendend ausbrach, gab mir Recht. »Is doch geil, das Hemd, und warm ist es auch«, versuchte Mike sich zu rechtfertigen. »Ich bin voll bei Ihnen, was das angeht, Mike. Aber die Schule ist Ihr Arbeitsplatz. Wir können erwarten, dass Sie sich angemessen kleiden. Ein Unterhemd und die nackte Brust sind es nicht. Seien Sie bitte so gut und fordern Sie mich nicht wieder heraus, was das angeht, OK?« Dann habe ich ihn angegrinst, weil ich Kritik nur im Notfall ernst anbringe. Locker kommt meistens besser. Mike hatte verstanden. Er grinste zurück »OK.«

Wenn Ihr Sohn oder Ihre Tochter den Abschluss geschafft hat, wird es mindestens zwei Anlässe geben, zu denen sich die Kleiderfrage stellt. Zur Zeugnisfeier trägt der Schüler Anzug oder Jackett und Hose, dazu normale Schuhe. Krawatte muss nicht sein, Jeans und Turnschuhe passen hier aber nicht. Die Schülerin trägt ein schlichtes Kleid, Kostüm oder Hosenanzug. Die Schuhe dürfen gern auch hohe Absätze haben. Das Cocktailkleid ist hier unpassend. Es kommt später beim Abschlussball zum Einsatz.

→ Zum Thema »Kleidung« s. auch II.21 *Der Abschluss- oder Abi-Ball*

Auch zu Bewerbungsgesprächen ist die Kleidung nicht unwichtig. Jemand, der eine Maurerlehre anstrebt, kann ganz leger mit Jacke und sauberen Jeans zum Gespräch antreten. Wer sich für die Ausbildung in einer Bank bewirbt, sollte sich formell kleiden, z.B. Hosenanzug oder Blazer und Hose. Zur Bewerbung im Einzelhandel rate ich, sich dem Stil einer schrillen Boutique genauso anzupassen, wie dem eines noblen Modehauses.

Unser Kind und die Schule

Für alle gilt, dass die Garderobe sauber und gepflegt sein muss. Ein ungebügeltes T-Shirt geht auch für den Handwerker nicht.

Sollten Sie einen »Protestler« erzogen haben, müssen Sie damit leben, wenn Ihr Sohn sich eine grüne Irokesenfrisur bastelt und mit bunten Springerstiefeln daherkommt. In diesen Fällen braucht es Geduld und Durchhaltevermögen. Vorschriften bewirken im Normalfall das Gegenteil von dem, was man sich wünscht. Meist regelt sich diese Haltung aber durch Absagen von Betrieben nach Vorstellungsgesprächen von selbst.

»Wie sich ein Schüler richtig kleidet« – Da gibt es sehr viel Spielraum und reichlich Möglichkeiten, sich auszuprobieren und darzustellen. Sie als Eltern haben es in der Hand, Ihr Kind darin anzuleiten, was situationsgemäß richtig ist. Kinder, die »Anziehen« von klein auf lernen, haben es später leichter.

2. Wie ernährt sich mein Kind richtig?

Um halb neun legt Bine den Kopf auf den Tisch. Sie ist wieder so müde. »Bine, hast du heute Morgen gefrühstückt?« »Ne, mach ich nie. Ich mag morgens nichts essen.« »Hast du etwas zu essen dabei?« Bine klappt ihre Brotdose auf. Darin liegen zwei Scheiben Toastbrot mit Nutella und Kekse. »Iss bitte jetzt deine Kekse«, sagt ihr die Lehrerin.

Die Unlust, morgens zu essen, ist verbreitet. Fakt ist jedoch, dass ein Schulkind Energie braucht, und zwar gleich um 8:00 Uhr.

Auch hier sind Sie als Eltern Vorbild für Ihren Nachwuchs. Wenn Bine von klein auf lernt, dass nach dem Aufstehen alle zum Frühstücken gehen und vor allem, dass dafür auch genügend Zeit vorhanden ist, kommt sie wahrscheinlich nicht darauf, nichts essen zu wollen.

Kinder, die morgens allein vor dem Frühstück sitzen, weil die Eltern schon im Job sind, haben es da schon schwerer. Wenn das bei Ihnen so sein muss, nehmen Sie sich die Zeit, Ihrem Kind ein Frühstück hinzustellen, das es anlacht. Da kann der Käse schon mal ein Gesicht aus Gemüse haben. Da darf das Brot aussehen, wie kleine Würfel mit Bananenballast. Nutzen Sie Ihre Fantasie.

Als Eltern stellen Sie die Weichen für die Ernährung Ihres Kindes vor und in der Schule. Ausschließlich Toast dürfte nicht lange vorhalten. Viele Kinder mögen morgens aber kein Vollkornbrot.

Frühstück darf von allem etwas haben und muss nicht jeden Morgen gleich sein.

Vorschlag 1: ein Glas Smoothy (Gemüse und Obst)
ein Glas Saft
ein Körnerbrötchen/Aufschnitt/Marmelade/Honig

Unser Kind und die Schule

Vorschlag 2:   ein Becher Schmelzflocken/Haferbrei mit Honig
               ein Becher Früchte-Tee

Vorschlag 3:   eine Banane
               ein Glas Milch/Kakao

Vorschlag 4:   Müsli mit frischem Obst
               ein Glas Tee, Milch

In die Brotdose gehört neben Vollkornbrot (eventuell mit Toast-rückseite oder Knäckebrot) auch Gemüse (Paprikaspalten) oder Obst (Apfelschnitze, Banane).

Auf Süßigkeiten sollten Sie verzichten. Die Kinder können sich in der Schule nicht die Zähne putzen. Außerdem verbrennen sie im Sitzen nicht viele Kalorien, so dass Gewichtzunahme bei zu viel Zucker vorprogrammiert ist.

Wenn Ihr Kind nicht einsieht, dass es essen muss, um denken zu können, machen Sie ihm an einem Beispiel verständlich, dass es ohne Energie nicht geht.

»Bine, wie es aussieht, kann ich dich morgen nicht zur Schule fahren.« – »Warum nicht?«

»Der Tank ist leer. Ohne Benzin ist leider keine Energie im Motor.« »Können wir nicht den kleinen Kanister aus der Garage nehmen?« »Könnten wir – nur dass Frau Bethge mich schon wieder angerufen hat. Sie fragt, ob dir die Energie zum Aufpassen im Unterricht fehlt oder ob du einfach keine Lust hast.« – »Och, Mama! – OK, hab schon verstanden.« »Was hast du verstanden?«

»Dass das mit mir wie mit dem Auto ist. Ich muss Brennstoff reinfüllen, damit ich nicht müde bin.« »Tja.« »Wenn ich frühstücke, nimmst du dann den Reservekanister?«

Achtjährige können Zusammenhänge schon sehr gut erkennen!

3. Hilfe, wir haben Läuse!

Läuse sind eklig. Das bleiben sie auch, wenn wir wissen, dass sie jeden heimsuchen können, der mit Kindern oder anderen Menschen zu tun hat. Sie fragen sich, was Sie das angeht? Sie haben ein Schulkind, und Lausbefall kommt am häufigsten da vor, wo noch Köpfe zusammengesteckt werden: im Kindergarten und in der Schule. Erstaunlicherweise sind Mädchen häufiger betroffen als Jungen. Läusebefall bleibt meist mehrere Monate unentdeckt. Man muss wissen, dass die Tierchen nicht fliegen, hüpfen oder springen können und nicht immer Juckreiz verursachen. Sie hangeln sich zwischen parallel liegenden Haaren entlang, wie Menschen auf dem Fitness-Parcours.

Läuse schaffen in Schulklassen Unruhe, ob man nun will oder nicht. Nicht auszudenken, wenn sie sich das eigene Kind als Wirt auserkoren haben! Mangelnde Hygiene und ungewaschene Haare müssen, s.o., nicht der Grund dafür sein, zumal vermutet wird, dass Läuse gewaschenes Haar bevorzugen. Die Peinlichkeit hält sich also in Grenzen. Was sich nicht herunterspielen lässt, ist der grenzenlose Ekel vor den kleinen Krabblern.

Wenn Sie sicher gehen wollen, ob Sie diese Gäste im Hause haben, untersuchen Sie ihr Kind und alle anderen Verdächtigen genau. Heben Sie die Haare hinter den Ohren an. Hier ist es schön warm und die kleinen Blutsauger lieben das. Trennen Sie Schicht für Schicht mit einem Bleistift, einer Stricknadel oder einem Stielkamm ab. Sie sind nicht sicher, ob Sie sie erkennen würden? – Da bin ich ganz sicher!

Wenn an einzelnen Haaren kleine durchsichtige, tropfenförmige Gebilde kleben, sind das die Nachkommen, genannt »Nissen«. Wenn Sie großes Glück haben, zeigt sich Ihnen auch ein Elterntier. Meist sitzen sie zwischen mehreren Haaren, festgekrallt. Ich warne dringend davor, aus einem Forscherdrang heraus zum Vergrößerungsglas zu greifen, um die kleinen Biester genauer kennenzulernen. Diese Visagen vergessen Sie nie mehr!

Es reicht also, wenn Sie auf dem Kopf Dinge finden, die da nicht hingehören, um sofort

1. zur Apotheke zu gehen,
2. die Klassenlehrerin/Schulleitung anzurufen.

Läuse sind meldepflichtig. Ihr Kind darf erst dann wieder in die Lehranstalt gehen, wenn es läusefrei ist (§ 34 des Infektionsschutzgesetzes (IfSG)). Sie müssen ein Formblatt ausfüllen, mit dem Sie bestätigen, dass Sie etwa gegen den Lausbefall tun.

In der Apotheke erhalten Sie wirksame Mittel, um die Viecher loszuwerden. Wahrscheinlich wird man Sie auch mit einem feinzinkigen Kamm ausstatten, mit dem sich die Nissen abkämmen lassen. Bei Befall von Kopfläusen werden diejenigen sich glücklich schätzen, die dünnes, glattes und womöglich auch noch kurzes Haar haben.

Wenn Ihnen das ein Trost ist: Die kleinen Quälgeister erwischen fast jeden irgendwann, der mit Schule oder Kindergarten zu tun hat.

4. Mein Kind vergisst die Hausaufgaben

»Was hast du denn heute an Hausaufgaben zu machen?« – »Äh, äh,
ich weiß gar nicht …«

Sie kennen das? Dann wird bei Klassenkameraden nachgeforscht,
welche Hausaufgaben zu erledigen sind. Ein leidiges Thema, das
sich immer wiederholt. Spätestens, wenn Klassenarbeiten überraschend auftauchen, weil Paul nicht zugehört hat, wenn der
Brief der Lehrerin »Paul hat jetzt sieben Mal die Hausaufgaben
nicht gemacht« den Familienfrieden in Schieflage bringt, muss
ein System her, das Abhilfe schafft.

Manche Kinder schreiben die Hausaufgaben unter den letzten Eintrag in ihrem Schulheft. Das hat den Nachteil, dass man
zu Hause täglich alle Hefte durchsehen muss.

Die zuverlässigste Methode ist das Aufgabenheft. Darin ist
die Schulwoche stundenweise auszufüllen. Der Schüler muss
trainieren, dass er jedes Mal, wenn eine Stunde beginnt, dieses Heft mit herausnimmt. Als Eltern dürfen Sie die Lehrkräfte
bitten, dass sie am Stundenende die Schüler zum Aufschreiben
der Aufgaben anhalten und sie erst, wenn das erledigt ist, in die
Pause entlassen. So viel Zeit muss sein.

Wenn das Aufschreiben der Aufgaben zum festen Ritual
geworden ist, wird auch Paul keinen Mahnbrief mehr bekommen.

Allerdings sind damit nicht unbedingt alle Hausaufgaben-
probleme aus der Welt.

»Paul, hier ist noch Aufgabe c.« »Die müssen wir nicht machen.« »Aber
du hast Nr. 5 auf. 5 besteht aus a, b und c.« »Ja, aber c muss ich nicht.« –
Ob das stimmt?

5. Mein Kind ist unpünktlich

Unpünktlichkeit ist schlicht gesagt eine Unverschämtheit. Es gibt natürlich andere »Un-Tugenden«, die schlimmer sind, aber um die geht es hier nicht.

Umsichtig mit der Zeit anderer Menschen umzugehen, bringt man seinen Kindern am besten von klein auf bei. Sie haben das versäumt? – Böser Fehler! Schwer zu korrigieren. Sie sind selbst gern unpünktlich? – Nicht gut.

Ihr Kind ist unpünktlich. Lassen wir die Frage, woher es das hat, einmal dahingestellt. Fest steht, Sie möchten eine Verhaltensänderung bewirken. Das Korrektiv funktioniert relativ simpel. Was man am eigenen Leib erfährt, versteht man meist am besten.

> Sie versprechen, Ihre Tochter um 15 Uhr zum Ballettunterricht zu fahren. Der ist ihr so wichtig, dass sie alles andere dafür hintanstellt. Statt um 15:00 Uhr kommen Sie erst um 15:20 Uhr heim. Nun wird es eng. Sie rufen völlig entspannt »Hallo, Spatz! Bin da. Hab mich mit Tante Uschi noch auf einen Kaffee getroffen und glatt die Zeit vergessen.« Das tut weh. Über die Reaktion ihrer Tochter muss ich mich nicht auslassen, die kennen Sie.

Unterricht muss zu festen Zeiten und mit verlässlicher Taktung ablaufen. Anders kann eine Schule mit bis zu 1500 Schüler nicht koordinieren.

Insofern ist unpünktliches Erscheinen in der Schule oder im Unterricht besonders ungünstig. Es, kann das mehrere Gründe haben:

a) Ihr Kind verschläft morgens die Zeit.
b) Ihr Kind trödelt mit Absicht.
c) Ihrem Kind ist Unpünktlichkeit nicht peinlich.

Ihr Kind verschläft jeden Morgen die Zeit, bzw. es steht einfach nicht auf, wenn der Wecker klingelt oder Sie es wecken. Wann geht dieses Kind abends schlafen? Grundschulkinder brauchen bis zu zehn Stunden Schlaf. Um 21 Uhr sollte also das Licht ausgehen. Jugendliche können mit acht bis zehn Stunden auskommen. Weniger sollten es nicht sein.

Soviel zum Schlafbedürfnis, das individuell aber natürlich abweichen kann. Der innere Schlafsack, der »Nein« zum Aufstehen sagt und »Weiterschlafen« befiehlt, ist nicht zu unterschätzen, zumal dann nicht, wenn ihm die Disziplin »Aufstehen« unterlegen ist.

In diesem Fall ist ein Normen verdeutlichendes Gespräch mit Ihrem Sprössling nötig. Erklären Sie, dass das Leben keine Party ist, zu der man geht, wann man lustig ist. Machen Sie deutlich, dass man zu viel Unterricht versäumt, wenn man häufig zu spät kommt. Zeigen Sie die Konsequenzen auf, die Berufstätige erleben, die zu spät am Arbeitsplatz erscheinen. Schule hat keine Gleitzeit!

Pünktlichkeit ist neben dem egoistischen Ansatz, durch rechtzeitige Anwesenheit möglichst viel mitzubekommen, auch eine Frage der Wertschätzung. Durch verspätetes Eintreffen störe ich nicht nur die bereits Anwesenden, ich zeige dem Unterrichtenden/Vortragenden auch, dass mir das, was er da tut, nicht wichtig ist.

Ihr Kind steht rechtzeitig auf und verlässt pünktlich zum Unterricht das Haus? Trotzdem kommt es zu spät?

Gehen Sie ihm nach! Eltern, die das taten, berichteten die unterschiedlichsten Geschichten.

Marie, 8 Jahre alt, kam jeden Tag zu spät in die Schule. Ihr Weg führte an einer Weide vorbei, auf der mehrere Pferde standen. Marie liebte Pferde. So stand sie jeden Morgen völlig versunken am Zaun und kraulte den Pferden die Nasen. Erst wenn die genug davon hatten und weggingen, ging auch Marie.

Maries Mutter erklärte ihrer Tochter, dass die Pferde auch nach der Schule da wären. Sie solle doch bitte morgens nur »Hallo!« sagen und den Pferden ankündigen, dass sie jetzt schnell zur Schule müsse, aber später vorbeikäme. Die Mutter erlaubte Marie, dafür eine halbe Stunde später nach Hause zu kommen.

Daniel, 11 Jahre alt, ging nicht den direkten Weg zu seiner Lehranstalt, sondern machte einen riesigen Umweg um die Siedlung herum. Auf die Frage seiner Mutter, warum er das täte, kam heraus, dass in der Siedlung regelmäßig eine Gruppe von Jungen auf ihn lauerte, die ihm morgens sein Frühstücksgeld abnahmen.

Daniels Mutter bekam heraus, um wen es sich handelte und besuchte die Eltern. Damit war das Problem aus der Welt, auch wenn diese Knaben Daniel in der Schule danach als Petze beschimpften.

Sarah, 14 Jahre, versäumte immer am Donnerstag die ersten beiden Stunden, obwohl sie rechtzeitig zu Hause losging. Als ihre Eltern davon erfuhren, stellten sie ihre Tochter zur Rede. Es zeigte sich, dass donnerstags 1. und 2. Stunde Physik war. Herr Debel hatte offenbar besondere Freude daran, Schüler bloßzustellen, die weniger leistungsstark in seinem Fach waren. Sarah war in Mathe und Physik schwach und es war ihr zu peinlich, die Angriffe des Fachlehrers durchzustehen.

Sarahs Vater bat um ein Elterngespräch. Er erklärte Herrn Debel Sarahs Schwäche und bat ihn, ihr seine Fürsorge zukommen zu lassen. Er vertraue darauf, dass er als versierter Pädagoge seiner Tochter helfen könne.

→ Zu diesem Thema s. auch I.15 *Was sollte ich vor einem Eltern-Lehrer-Gespräch wissen?*

Wenn Zuspätkommen Gründe hat, sind Sie als Eltern gefragt, diese zu erkennen, zu beseitigen oder zumindest Schützenhilfe dabei zu leisten.

Grundsätzlich ist Zuspätkommen einmal verzeihbar, öfter jedoch nicht zu tolerieren.

6. Mein Kind schwänzt die Schule!

Kinder und Jugendliche sind in unserem Land schulpflichtig. Erst wenn sie volljährig werden und ihre Schulzeit erfüllt haben, ist Schule nur noch Kür.

Schüler, die ihrer Schulpflicht nicht nachkommen, können zur Zahlung von Bußgeld verurteilt werden. Bei Nichtzahlung kann Beugehaft verhängt oder das Ableisten von Sozialstunden angesetzt werden.

Der gesetzliche Hintergrund ist für Sie nur von sekundärer Bedeutung, denn Ihnen liegt natürlich an Ihrem Kind.

> Die Klassenlehrerin Ihres zehnjährigen Sohnes Tim erkundigt sich am Telefon, ob es ihm schon besser geht. –? – »Wieso besser?«, wollen Sie wissen, denn der Junge ist quietschvergnügt. »Tim fehlt in letzter Zeit so häufig. Er hat mir erzählt, dass er oft starke Bauchschmerzen hat und dann liegen muss.« – »Wir haben ein Problem«, geben Sie zu.
> Sie wecken ihn jeden Morgen, machen ihm Frühstück und verabschieden ihn. In der Schule kommt er aber nicht an. Wo bleibt er also?

Sie haben drei Möglichkeiten. Sie können Ihren Sohn zur Rede stellen, herausfinden, wohin er geht, oder beides.

Die Rolle eines Detektivs liegt nicht jedem. Manche Eltern haben sich trotzdem darin versucht.

Elias' Mutter lieh sich den Mantel der Nachbarin und verfolgte ihren Sohn mit gebührendem Abstand. Er ging in Richtung Schule. Als er an den Hochhäusern vorbeikam, kamen drei Jungen in seinem Alter auf ihn zu. Sie begrüßten sich und gingen gemeinsam weiter. Allerdings nicht zur Schule. Sie fuhren mit dem Bus in die Innenstadt. Dort betraten die vier ein großes Kaufhaus und fuhren hinauf in die Spieleabteilung. Die Schultaschen flogen auf den Boden und es begann ein Spielwettbewerb.

Elias Mutter hat genug gesehen. Sie fährt nach Hause. Nach dem Abendessen ruft sie Elias zu sich. »Elias, weißt du, warum Kinder zur Schule gehen müssen?« »Klar, um zu lernen.« »Kannst du dir vorstellen, dass es Kinder gibt, die trotzdem den Unterricht schwänzen?« Elias zieht den Kopf zwischen die Schultern. »Woher weißt du es?« »Deine Lehrerin hat mich angerufen. Möchtest du mir etwas erklären?« Elias weint. Er scheint bei aller Peinlichkeit auch erleichtert. »Wir waren spielen«, beichtet er, »Kai, Ahmed, Paul und ich. Im Kaufhaus. Da haben sie immer die neusten Spiele. Ich bin mitgegangen. Die haben so gedrängelt und gesagt, ich wär feige.«

Elias Mutter hat ihm nicht gesagt, dass sie ihn verfolgt hat, aber sie kann ihm deutlich machen, wie dumm es ist, den Unterricht zu schwänzen. »Tierarzt werden Schulschwänzer sicher nicht, Elias.« – Der Junge ist kuriert, bevor sie schwerere Geschütze auffahren muss. Sein größter Wunsch ist es, Veterinär zu werden. »Ich glaub, du hast Recht. Dann bin ich eben feige.«

Miriam klagt immer öfter über Bauchschmerzen. Sie mag dann nicht in die Schule gehen. Der Arzt kann jedoch nichts feststellen. Ihre Eltern sind natürlich sehr besorgt, denn aus Miriam bekommen sie nichts heraus. Die verbringt diese Tage zu Hause in ihrem Zimmer.

»Bauchschmerzen« sind häufig die Ausrede bei Angst. Sprechen Sie mit der Klassenlehrkraft über die Situation in der Klasse. Gibt es womöglich Druck? Wird Ihre Tochter gemobbt? Fühlt sie sich bedroht?

In einem solchen Fall hilft nur enge Zusammenarbeit von Schule und Elternhaus. Sie müssen die Ursache herausfinden!

Noch härter ist es bei Torben. Seine Eltern verlassen morgens früh vor ihm das Haus. Torben ist 16 und hat einfach keine Lust, in die Schule zu gehen. Er bleibt im Bett bis mittags. Nun haben sich bereits 57 Fehltage angehäuft und ein Absentismus-Verfahren ist zu bedienen. Torben soll fürs erste 97,00 € bezahlen. Beim Erziehungsgespräch in der Schule sitzt die Mutter weinend vor dem Lehrer. Sie ist verzweifelt, denn sie weiß sich keinen Rat. Torben fordert, dass seine Eltern ihn in Ruhe lassen. Sie sollen sich nicht in sein Leben einmischen. Die Konsequenz, den Schulabschluss auch beim zweiten Anlauf nicht zu schaffen, scheint ihm dann aber doch bedrohlich. Er verspricht, sich zusammenzunehmen und regelmäßig in die Schule zu gehen. Aber wird er das durchhalten? Die Lehrkraft verspricht ihm im Gegenzug, ihn im Wiederholungsfall von der Polizei abholen zu lassen. Das dürfte dem Jungen dann doch peinlich sein. – Nicht peinlich genug. Torben verfällt in den bekannten Trott. Seine Klassenlehrerin lässt ihn mit dem Polizeiwagen abholen. Das muss sie nur einmal organisieren. Jedoch das Bußgeld zahlt er nicht. Nun folgt, was logisch ist. Torben muss mehrere Tage Sozialarbeit leisten oder alternativ für eine gewisse Zeit im Jugendgefängnis einsitzen. Er entscheidet sich für Gartenarbeit in öffentlichen Parkanlagen. Sollte er wieder schwänzen, erhöht sich das Bußgeld und die Wahrscheinlichkeit, das Gefängnis von innen kennenzulernen, wächst. Manche Jugendliche reagieren nur auf harte Maßnahmen.

Sollten Sie dieses Problem kennen, muss ich Sie enttäuschen, wenn Sie einen 100%igen Rat erwarten. Derartiges Verhalten ist meist über längere Zeit gewachsen. In Ihrer Familie ist offenbar etwas geschehen, was Sie nicht bemerkt haben oder ignoriert haben. Das ist nicht ungewöhnlich, wenn Eltern bis abends berufstätig sind. Vorwürfe wären jetzt unnütz. Nur Abhilfe ist schwierig. Es gibt sehr dickfellige Kinder. Sie haben zugemacht und leben nur noch in ihrer eigenen Welt. Die ist schwer zu knacken, zumal die Bereitschaft zu Therapien meist nicht vorhanden ist. Manchmal hilft der Anreiz einer anderen Schulform, eventuell auf praktische Fähigkeiten ausgerichtet. Vielleicht müssen Sie trotz Zeitmangel versuchen, sich mehr mit ihrem Kind zu beschäftigen, was zuweilen anstrengend werden, aber durchaus Nähe zurückbringen kann.

Der letzte Schritt, wenn Sie an das Kind gar nicht herankommen, – hier geht es dann allerdings nicht mehr nur um Schulschwänzen – ist die Übergabe in staatliche Erziehung. Sie übergeben die Erziehungsgewalt ans Amt. Ihr Kind zieht in ein Wohnheim oder eine Jugendwohngemeinschaft. Das klingt schlimm, muss es aber nicht sein. Ich kenne Familien, wo dieser Schritt der einzig richtige war und Besserung brachte.

Denken Sie nicht »was müssen das für Familien sein!« Das kommt nicht nur in bildungsfernen oder sozial schwachen, sondern auch in angesehenen Familien und geordneten Verhältnissen vor. Wie schon gesagt, Sie als Eltern können nicht alles kontrollieren, nicht alles so beeinflussen, wie Sie vielleicht gern möchten. Die Entwicklung unserer Kinder ist von so vielen Einflüssen abhängig. Es ist keine Schande, wenn Sie im Ernstfall die Verantwortung abgeben, auch wenn sich das für Sie bestimmt so anfühlt. Besser irgendwann die Notbremse ziehen, als den Zug entgleisen lassen.

7. Mein Kind betrügt bei Klassenarbeiten

Warum interessiert Sie dieses Kapitel? Sie finden Schummeln bei Klausuren unmoralisch und verwerflich? Sie befürchten, dass Ihr Kind kriminell ist? Es ist beim Betrügen erwischt worden und Sie suchen Rat?

Haben Sie nie von Ihrem Banknachbarn abgeschrieben? Hatten Sie nie einen Spickzettel im Strumpf, ganz oben unter dem Minirock? Sie hatten keine unregelmäßigen Französischverben auf dem Etikett Ihres Heftes stehen? – Na bravo!

Ich war eine Meisterin im Schummeln, was meinen Schülern heute das Abschreiben erschwert. Meiner Auffassung nach ist intelligentes Betrügen auch eine Leistung. – Ich bin nicht kriminell!

Im Ernst: Um alles Wichtige auf einem Spickzettel zu platzieren, ist es nötig, zuvor den Lernstoff so gut zu durchdringen, dass man in der Lage ist, das Wichtige herauszufiltern. Unterdessen hat man den Inhalt meist schon so gut gelernt, dass der Spickzettel gar nicht mehr nötig ist.

Der moderne Schummler nutzt die Technik. Da nicht alle Lehrer Trottel sind, hat sich das zu den meisten herumgesprochen und sie sammeln vor Beginn einer Klausur sämtliche Mobiltelefone ein. Gewitzte Schüler verstecken ein zweites Handy im Klo, um von dort Kontakt zu »Helfern« aufnehmen zu können. Wenn Vanessa bittet, austreten zu dürfen, wird das der Lehrer erlauben. Dass deren Telefon in der Hosentasche vibrierte und sie dem Hilferuf ihrer Freundin, die in einer Klausur steckt, folgt, kann er nicht ahnen.

Wer sich erwischen lässt, hat mit empfindlicher Strafe zu rechnen. Der Tatbestand »Täuschungsversuch« hat in der Regel die Note »6« für die betreffende Klausur oder Unterrichtsleistung zur Folge. Im Wiederholungsfall auch eine Stufe in der Handlungskette disziplinarischer Maßnahmen.

Lena fehlt regelmäßig zum ersten Schreibtermin einer Klausur. Sie beauftragt jedes Mal einen Klassenkameraden, die Arbeit zu fotografieren. Dann lernt sie die auswendig und schreibt eine ihrer Gedächtnisleistung entsprechend gute Note. Nun hat die Deutschlehrerin die Faxen dicke. Sie gibt Lena zum Nachschreibtermin eine geänderte Klausur, die diese prompt drei Noten schlechter schreibt. Lenas Vater beauftragt einen Anwalt, der allerlei Schmutz in Richtung der Lehrkraft wirft. Es nützt nichts.

Bei der nächsten Physikarbeit verteilt die Lehrkraft ebenfalls neue Klausuren, nur eine ganz leistungsschwache Schülerin darf die schon bekannte Klausur schreiben. Erstaunt ist sie, als sie auf genau dieser Arbeit den Namen »Lena« fand. Die Mitschülerin gibt zu, dass Lena die Arbeiten ausgetauscht hat, als sie sah, dass das der Stoff war, den sie gelernt hatte.

Dieser Fall ist bedenklich. Wenn Sie eine Lena zu Hause haben, rate ich dringend zu einer Therapie. Ihrer Tochter fehlt die richtige Einstellung zum Leben. Sie macht Betrug zur Grundlage Ihres Lernverhaltens. Sie stiftet andere an, ihr dabei zu helfen und sie verlässt sich darauf, dass ihre Eltern ihr im Fall der Entdeckung aus der Patsche helfen. Tun Sie es nicht! Sparen Sie den Anwalt und erklären Sie Ihrer Tochter, dass es ohne Arbeit auf Dauer nur selten Erfolg gibt.

Paul, ein rechtschreibschwacher Schüler mit unterdurchschnittlichen Deutschkenntnissen, gibt eine sehr gute Inhaltsangabe eines Films ab, der im Unterricht Thema war. Die Lehrkraft fragt ihn, wer das geschrieben hat bzw. woher er den Text habe. Paul schwört mehrfach, dass er ihn ganz allein geschrieben hätte. Obwohl die Lehrerin ihm Brücken zum Rückzug baut, bleibt er dabei. – Es dauert keine Minute und sie hat die Quelle im Internet gefunden, wo Paul 1:1 abgeschrieben hat. Nun gibt es Ärger. Er wird als Lügner und Betrüger geoutet. Was die Lehrkraft am übelsten findet? Dass Paul sie vor allen anderen angelogen hat und für blöd verkaufen wollte.

Sprechen Sie mit Ihrem Schummler zu Hause. Fragen Sie in der Vorbereitungsphase einer Klausur nach Inhalten, loben Sie Anreize aus, wenn eine echte Leistung erbracht wird (auch, wenn nicht 15 Punkte oder eine 1 dabei herauskommen). Nehmen Sie den Leistungsdruck heraus. Versichern Sie Ihrem Kind, dass Sie darauf vertrauen, dass es sein Bestes geben wird. Mehr geht nicht. Wenn das nicht zum Erfolg führt, dann ist es eben so.

Machen Sie klar, dass Ihr Kind nicht schummeln muss, weil Sie seine Anstrengung schätzen und auch eine Niederlage akzeptieren werden. Erzählen Sie aus Ihrer eigenen Schulzeit. Vielleicht hatten auch Sie Schwächen?

Machen Sie klar, dass Ihr Kind auf Sie nicht zählen kann, wenn es trotzdem betrügt und sich erwischen lässt. Konsequenzen bewussten Fehlverhaltens trägt jeder selbst.

Als ich neulich alte Bücher entsorgte, fand ich meine Französischgrammatik. Sie war damals in einen Umschlag eingebunden, dessen Etikett dicht beschrieben war mit Verbformen.

8. Mein Kind malt schweinische Bilder

Keno (10) hat die Wandtafel in seinem Klassenraum zum wiederholten Mal mit sexistischer Malerei verschönert. Sie werden zum Gespräch geladen und fragen sich, ob der Junge unter dem Einfluss eines perversen Mitschülers steht. Von zu Hause kann er das doch nicht haben!

Als sie das Problem mit einer Freundin besprechen, wird Ihnen jedoch schon manches klarer. Sie denken darüber nach, wie offen Sie als Eltern mit Nacktheit und Sexualität umgehen. Hier nur einige mögliche Gedanken:

- Ist es Ihnen nicht schon immer peinlich gewesen, sich unbekleidet zu zeigen?
- War das Licht jemals an, wenn Sie Sex hatten oder haben Sie es lieber dunkel?
- Haben Sie Keno gesagt »Das macht man nicht!«, als er beim Baden an seinem Glied herumspielte?
- Waren Sie erschrocken, als Ihr Sohn sie nackt im Bad überraschte?
- Liest Ihr Gatte einschlägige Magazine, die er unter Verschluss hält?
- Warum malt Keno schweinische Bilder? Was genau malt er überhaupt?

Die Lehrerin zeigt Ihnen Fotos von Kenos Kunstwerken auf ihrem Smartphone. Es gibt nur wenige Motive, die aber in beträchtlicher Größe und zahlreichen Variationen.

Da sind Strichfrauen mit riesigen Brüsten, Strichmänner mit entsprechenden Penissen und auch Kopulationsszenen, auf denen beides zu sehen ist.

Unser Kind und die Schule

Sie können nicht mehr tun, als der Lehrerin zu versichern, dass Sie sich kümmern werden.

Am Nachmittag betreten Sie das Kinderzimmer ohne anzuklopfen. Sie erwischen Keno dabei, als er auf seinem Computer eine Pornoseite anschaut.
»Mama! – Man muss doch anklopfen!« wehrt sich Keno verzweifelt.

Kinder lernen von ihren Eltern. Keno steht am Beginn seiner Pubertät. Wie reagieren Sie jetzt richtig?

»Mach sofort diesen Schweinkram aus! – Du hast für diese Woche Computerverbot!« – **Falsch!**
»Daher hast du das also! Jetzt weiß ich auch, warum du so was malst. Hast du eine Ahnung, wie peinlich mir das ist?« – **Falsch!**
»Du bist ja voll daneben! So einen Dreck schaut man doch nicht an!« – **Ganz falsch!**

Durch Schuldzuweisungen bewegen Sie nichts. Wenn Sie Ihr Kind erreichen möchten, sind Beschimpfungen nicht der Weg.

Schwierig, wenn der Filius darauf antwortet, dass Papa sich ja auch so Bilder ansieht. (Der hatte eine Zeitschrift liegen gelassen.)

Der Umgang mit Sexualität ist Teil der Erziehung. Von Beginn an prägt sich einem Kind die Haltung zu seinem Körper durch das Verhalten der Eltern ein. Schon Kleinkinder spielen gern an ihren Genitalien. Verhindern Sie das nicht, denn es ist völlig normal und wichtig, dass ein Kind seinen Körper kennenlernt.

Gehen Sie mit Nacktheit offen um. Auch der Körper der Eltern sollte für Kinder kein Geheimnis sein. So sehen erwachsene Menschen eben aus. Kinder, die wissen, wie Brüste und Penisse aussehen, empfinden wenig Herausforderung, diese an der Tafel abzubilden. Der Reiz des Verbotenen fehlt. Beantworten Sie auch heikle Fragen Ihres Kindes sachlich und ernsthaft.

Ein Fünfjähriger stand nach dem Baden vor seiner Mutter und fragte: »Du hast doch gesagt, wenn zwei Menschen sich ganz doll lieb haben, dann können sie ein Baby machen. Können wir das auch?«
Sie erklärte ihm, dass Mütter und Söhne keine Babys miteinander machen. Er hakte nach: »Aber wir haben uns doch ganz doll lieb.« – Tja. Dann war eine längere, kindgemäße Erklärung fällig, die er verstehen konnte.

Natürlich ist das Thema Sexualität mit Beginn der Pubertät spannend und jeder Heranwachsende geht damit anders um. Ein Kind, das gewohnt ist, Antworten zu bekommen, wird es viel leichter haben, als eines, für das dieses Thema mit Tabus belegt ist.
Zurück zu Ihrem Sohn, der Pornoseiten auf dem Computer anschaut. Dazu muss man wissen, dass die meisten dieser Seiten für jedermann frei zugänglich sind. Wie könnte eine vernünftige Reaktion aussehen?

»Lass mal an, ich möchte das auch sehen. – Entschuldige, dass ich nicht geklopft habe. Schau mal, was die dort machen, ist extra für diese Seite gestellt. Mit dem wirklichen Leben hat das wenig zu tun.« – »Warum machen die dann solche Sachen?« – »Weil es Erwachsene gibt, die sich das ansehen wollen. Vielleicht haben die niemanden, der sie lieb hat oder sie haben einfach Lust auf so was. Aber das ist eben etwas für Erwachsene. Kinder, die das sehen, könnten glauben, dass so Sex ist. Und wenn es dann soweit ist, dass sie es selbst probieren, stellen sie fest, dass sie sich geirrt haben und dass sie gar nichts wissen.

Ich fände es gut, wenn du dir so was nicht anschautest, denn ich glaube, es tut dir nicht gut.«

Ihnen ist bewusst, dass Sie Kenos Verhalten durch Ihre eigene Haltung provoziert haben. Sie haben versucht, das Thema Sexualität von ihm fernzuhalten. Das hat Sie nun eingeholt.

Sie sollten genau das bekennen. Sagen Sie ihm, dass Sie dachten, es sei richtig so. Öffnen Sie sich für Fragen. Antworten Sie sachlich und unverkrampft. Zeigen Sie Keno, dass er alles fragen darf, dass es zwischen ihm und seinen Eltern kein Tabu gibt. Beantworten sie aber bitte nur, was er wissen möchte. Halten Sie keine Vorträge! Was Kinder normal finden, ist Jugendlichen z.T. peinlich und sie müssen es erst ertragen lernen. Bitten Sie Keno, das Malen in der Schule zu unterlassen. Wie jemand mit Sexualität umgeht, ist privat. Indem er seine Bilder den anderen aufzwingt, verletzt er deren Privatsphäre. Wenn er also etwas loswerden muss, darf er gern zu Hause malen, was ihn bewegt.

Versuchen Sie offener mit diesem Thema umzugehen! Das wird Ihrem Sohn eine große Hilfe sein, wenn er vielleicht mit 15 seine erste feste Freundin hat.

9. Pubertät!

Wieder wird die Zimmertür zugeknallt. Was hat sie jetzt wieder? Ihre Tochter dreht seit Wochen am Rad. Sie können nie sicher sein, ob sie nicht ein falsches Wort sagen, dass sie aus der Fassung bringt. Lea ist gerade 12 geworden. Was ist los mit ihr?

Ben, 15, hat eine Klassenkameradin mit nach Hause gebracht. Sie wollen zusammen Mathe üben. Seine Mutter ist leicht beunruhigt. »Ben, soll ich euch Kakao bringen? Möchtet ihr Kuchen?« Die schlichte Antwort »Mama, entspann dich!«, findet sie nicht nett.

Marvin, 16, versteht die Welt nicht mehr. In allen Fächern hat er sich verschlechtert. In Deutsch schafft er nur noch ausreichende Leistungen, obwohl er doch immer auf Zwei stand. »Gucken Sie mal«, er zeigt seiner Klassenlehrerin ein Foto auf seinem Smartphone, »wie finden Sie die?« Eine süße 14-Jährige strahlt in die Kamera. – Aha.

Christian, 13, spricht mit seinen Eltern seit geraumer Zeit gar nicht mehr. Vom Schulgeschehen oder dem Leben ihres Sohnes erfahren sie nichts. »Kind, du sagst ja gar nichts. Erzähl doch mal …« – »Mama, du nervst.«

Bine, 13, versucht ungesehen durch die Haustür zu entwischen. »Halt!«, ertönt es aus der Küche. Ihre Mutter könnte deutlicher nicht sein: »Wie siehst du wieder aus! Wie eine kleine Nutte! Zieh sofort was Anständiges an und wasch dir dein Gesicht. Mit dieser Kriegsbemalung kannst du gleich zu Hause bleiben.«

Was ist hier los? Die Antwort ist eindeutig: Pubertät. Eine schwierige Zeit für die meisten. Eines gilt aber für alle Eltern: Geben

Unser Kind und die Schule

Sie nicht auf! Erklären Sie Ihrem Kind, warum Sie Dinge anders sehen müssen. Lassen Sie sich nicht abschrecken! Sie können sicher sein, auch wenn Ihr Sprössling sich noch so garstig und sperrig gibt, er braucht Zuwendung. Lassen Sie sich nicht durch sein Äußeres täuschen.

»Benny ist ja nun schon ein Mann. Da kann ich ihn doch nicht mehr in den Arm nehmen!« – Doch!

Gerade in dieser schwierigen Zeit braucht Benny Zärtlichkeit. Seine Stellung gegenüber dem weiblichen Geschlecht ist im Wandel, starke Verunsicherung lenkt sein Verhalten. Da ist es nur gut, wenn er sich auf die Geborgenheit in den Armen seiner Mutter verlassen kann. Aber Vorsicht! Drängen Sie sich nicht auf! Schauen Sie genau hin, wann Nähe angebracht ist und wann nicht.

Die meisten Kinder finden ihre Eltern in diesen Jahren ätzend und doof. Die verstehen gar nichts, sind oberpeinlich und nerven nur. Plötzlich sind Väter und Mütter keine Vorbilder mehr, sondern ihre Kinder verlangen, dass sie sich aus ihrem Leben raushalten.

Die meisten Eltern kommen mit diesem Rauswurf aus dem Kinderzimmer nur schwer klar. Bei Fehlverhalten der lieben »Nicht-mehr-Kleinen« lassen sie sich gern zu Aussagen hinreißen, die sie selbst schon an ihren eigenen Eltern gehasst haben. »Du machst das so, wie wir es wollen, solange du deine Füße unter unseren Tisch stellst.« – Bitte nicht!!!

Natürlich ist es anstrengend, wenn man Pubertärlinge im Haus hat, aber die haben es auch nicht leicht. Synapsen vernetzen sich in dieser Phase völlig neu, Hormone spielen verrückt und die Heranwachsenden wissen nicht, wie ihnen geschieht. Sie sind von Stimmungen gebeutelt, von Gefühlen hin- und hergerissen.

Auch die körperlichen Veränderungen sind für viele beängstigend. Manche Mädchen tragen plötzlich nur noch weite Schlabberpullover, damit man ihre Brust nicht sieht. Andere wollen gerade jetzt zeigen, was sie haben und stellen die neue Oberweite in engen, ausgeschnittenen Shirts zur Schau. Plötzlich ist alles irgendwie komisch, leider meist nicht ha-ha-komisch.

Darum tragen Sie als Eltern das sonderbare Verhalten Ihres pubertierenden Kindes mit Fassung. Versuchen Sie da zu sein, Hilfestellung anzubieten, wenn die gewünscht wird. Bemühen Sie sich um einen möglichst entspannten Ton, wenn Sie Kritik anbringen wollen. Wenn Sie erst ins Wespennest gepikst haben, braucht es garantiert länger, bis sich die Lage wieder beruhigt hat.

Sie müssen damit rechnen in diesen Jahren häufiger auch unfreiwillig Kontakt zur Schule Ihres Kindes zu haben. Was Sie zu Hause erleben, spielt sich nämlich in Schulklassen genauso ab, nur dass dort nicht ein einzelner Jugendlicher mit seiner Entwicklung kämpft, sondern über zwanzig gleichzeitig. Besonders geballt erleben Lehrer und Schüler das emotionale Gemenge in den Klassen 7–9. Da vergeht kaum ein Tag, an dem nicht irgendwer – meist ein Mädchen – plötzlich wortlos aus dem Unterricht stürmt. Da ist es fast schon normal, dass zwei Schülerinnen zu Beginn der Stunde fehlen und von anderen entschuldigt werden: »Die sind im Klo und müssen was klären.« Wenn Bea mitten im Französischunterricht quer durch den Raum in Richtung Melli wütend »Bitch!« zischt, bringt das die Lehrkraft kaum aus der Fassung: »Mademoiselle, je vous prie!«

Manches Problem lässt sich leichter ertragen, wenn Schule und Elternhaus in dieser anstrengenden Zeit besonders eng kooperieren. Jugendliche, die ganztags emotional um ihren Bauchnabel kreisen, sind zuweilen mehr Opfer ihrer selbst als ihr eigener Herr.

Pubertät hat viele Gesichter. Sie können sicher sein, dass Sie einige kennenlernen werden. Irgendwann ist das vorüber und alle Beteiligten wundern sich, warum sie soviel Stress hatten, wo man sich doch gut versteht und alles total easy läuft.

10. Mein Kind ist zu faul zum Lernen

>»Wir haben es auf die Pubertät geschoben, wollten verständnisvolle Eltern sein. Erst als das Kind im Brunnen war, sind wir aufgewacht. Unser Sohn Christian ist 16 Jahre alt und besucht die 10. Klasse des Gymnasiums. Seine Leistungen sind in allen Fächern so dramatisch abgesackt, dass nun der Mittlere Abschluss gefährdet ist und er die Schule verlassen muss, wenn sich seine Arbeitshaltung zum nächsten Halbjahr nicht ändert. Christian hat versprochen, dass er von jetzt an wieder arbeiten will. Allerdings befürchten wir, dass er das nicht einhalten wird. Was machen wir dann?«

Eine Situation, in der zahlreiche Eltern von Jugendlichen feststecken. Wenn man Christian fragt, warum es ihm so schwer fällt, seine Aufgaben zu machen, kommt recht schnell die Antwort. »Ich versuch's ja. Geht aber nicht. – Null Bock. – Also, ich muss los.« Wenn man ihm die Konsequenzen seines Verhaltens vor Augen hält, verdreht er die Augen. Man kommt an den Jungen nicht heran. Er bleibt halbe Nächte weg. Andere verbringt er an seinem Computer mit Spielen. Christians Eltern fragen sich, was sie falsch gemacht haben und vielleicht noch machen. Sie sind unsicher, ob sie ihrem Kind überhaupt ein gutes Vorbild sind.

Wenn sie sich kritisch hinterfragen, kommen manche Eltern zu dem Schluss, dass das Verhalten ihrer Kinder nichts anderes ist als die logische Reaktion und die Spiegelung des fatalen Vorbilds ihrer Eltern. In solchen Fällen kann nur ein offenes Gespräch und Moderation von außen helfen.

Zwischenzeitlich schlossen Christians Eltern den Computer weg, verordneten Hausarrest, kürzten das Taschengeld. Nichts davon hat gegriffen. Alles hat er umgangen.

Manchmal geht der Weg über Freunde oder gute Bekannte. Gibt es Personen, die dem Jugendlichen nahe stehen? Auf wen wird er hören?

In der Schule kann der Beratungslehrer hinzugezogen werden. Er hat die nötige Zeit, sich mit dem Schüler zu treffen, Vertrauen aufzubauen und zu versuchen, an ihn heranzukommen. Manche Jugendliche sind gefangen in Zukunftsängsten, die der Auslöser für ihre innere Migration sind. Gespräche, die nichts fordern, sind da manchmal eine Lösung.

Modernes Lerncoaching möchte *den Jugendlichen da abholen, wo er steht. Wenn er nicht reden möchte, darf er seine Gefühle auch kneten.*

Es liegt mir fern, solche Ansätze zu verunglimpfen. Sie mögen ihre Berechtigung haben. Ich empfehle Ihnen, es gern damit zu versuchen. Mich amüsiert jedoch nach 41 Berufsjahren, in welche Geschäftsmodelle investiert wird, um nach dem Prinzip Hoffnung gegen die Misere anzutreten. Welcher Umsatz ist einer Firma gewiss, die der Schulbehörde einen Weg zum Positiven schmackhaft machen kann!

Dabei geht es seit Jahrtausenden doch immer um das Gleiche: Erziehung. Etwas total Selbstverständliches im Leben von Eltern und Kindern, von Lehrern und Schülern. Dass man auf die individuelle Lage eines jeden Schülers eingeht, auch.

Wenn ein junger Mann wie Christian nun aber total dicht macht und niemanden mehr an sich heranlässt, wenn er die Auster gibt »Lasst mich alle in Ruhe« oder aggressiv reagiert, blockiert er sich selbst und nimmt sich jede Möglichkeit der Umkehr. Mancher wird sogar ausfallend und handgreiflich in seiner inneren Verzweiflung. In solchen Härtefällen neige ich in zu harten Maßnahmen, weil sie eine Front schaffen, an der sich der Jugendliche abarbeiten kann. Er darf die neuen Regeln gern bescheuert finden, er darf auch glauben, seine Eltern hätten einen Knall. Wichtig ist, dass die nüchtern und konsequent ihre Notfallregeln durchziehen. Nur so erkennt der Jugendliche, dass er sein Leben und seine Zukunft selbst verantwortet.

Solange ein junger Mensch alles hat und nichts entbehrt, besteht für ihn wenig Anlass, sein Verhalten zu ändern. Vielleicht möchte er ja Mami und Papi zum Gefallen gern ein guter Schüler sein, … Wenn er doch aber keine Lust hat? Ein Jugendlicher normaler Intelligenz begreift die Folgen mangelnder schulischer Leistungen. Die Frage ist, ob er seine Eltern und ihr Anliegen, dass aus ihm etwas werden soll, nur einfach nicht ernst nimmt oder ob ihm seine Zukunft Angst macht. Für Maßnahmen ist das zweitrangig, wenn es bisher keine andere Lösung gab. In folgender Reihenfolge könnten solche ablaufen:

- Klärendes Gespräch zum Ist-Stand im Beisein eines Mediators (Lehrer, Person des Vertrauens, Psychologe..), Verdeutlichung der elterlichen Sorge und Fürsorge
- Sachliches Aufzeigen der Folgen durch die außenstehende Person
- Fragen, ob und wie der Jugendliche sein Verhalten zu ändern bereit ist
- Vertrag schließen, der Konsequenzen bei Nichtbefolgung beinhaltet: Der Jugendliche hat die Entscheidung!
- Bei Nichtbefolgung Durchsetzung dieser Konsequenzen

Sie fragen sich, was man einem Jungen von 16 androhen kann? »Wasser und Brot« muss es nicht sein, lassen Sie Ihre Fantasie spielen:

1. Seine Wäsche wird nicht mehr gewaschen/gebügelt. Er ist nun selbst dafür verantwortlich.
2. Der Jugendliche muss sich selbst beköstigen. Er erhält ein knappes Wochenbudget. Er kauft für sich ein, er bereitet sein Essen zu. Er wirtschaftet.
3. An gemeinsamen Mahlzeiten darf er während der Maßnahme nicht teilnehmen. Er isst in seinem Zimmer oder zu anderen Zeiten.

4. Er muss sein Handy und den Computer selbst finanzieren.
5. Er wird nicht mehr geweckt.
6. Neue Kleidung muss er selbst kaufen.
7. Ausgehzeiten werden geregelt. Mitternacht am Wochenende, 22:00 Uhr unter der Woche, danach ist die Tür zu.

Wahrscheinlich fallen Ihnen andere Einschränkungen ein, die besser zu Ihrem Kind und seinen Gewohnheiten passen.

In jedem Fall ist es hart für Eltern, dieser Art Maßnahmen selbst einzuhalten, die auf den ersten Blick so rigoros dem Fürsorgedrang besorgter Väter und Mütter entgegenstehen.

Bei Verhaltensänderung, bei jeder guten Note, bei positiven Berichten der Schule (Klassenlehrer/in) gewinnt der Proband sofort Freiräume zurück.

Sollte sich der Jugendliche trotz Vertrag nicht an die Abmachungen halten, wird es allerdings ernst. Ernst vor allem für Sie als Eltern, die Sie sich um die Zukunft Ihres Kindes sorgen. Denn dann ist der Punkt gekommen, an dem Sie den Draht zu Ihrem Kind verloren und keinen Einfluss mehr haben. Nun müssen Sie stark sein und Ihren Nachwuchs loslassen.

Sie haben die Möglichkeit, sich Erziehungshilfe beim Jugendamt zu holen. Das ist ein Schritt, der Überwindung kostet, aber als letzte Maßnahme helfen kann.

Wenn Sie diesen schweren Weg gehen müssen, nehmen Sie sich therapeutische Hilfe. Ohne die Unterstützung eines guten Psychologen werden Sie es wahrscheinlich nicht schaffen.

Seien Sie bereit, Fehler in ihrem eigenen Verhalten zu erkennen und zu bearbeiten. Bemühen Sie sich, Schuldzuweisungen gegen Ihren Lebenspartner zu vermeiden. Niemandem wäre geholfen, wenn nach beendeter Therapie Ihre Ehe zum Teufel ist. Wenn Sie diese Zerreißprobe gemeinsam bestanden haben, wenn Ihr Kind »zurück« ist und seinen Abschluss macht, feiern Sie ein Fest! Setzen Sie ein Ausrufezeichen hinter das, was Sie geschafft haben. – YES!

11. Der Deutschlehrer mag mein Kind nicht

>>Das ist ungerecht! Der Meier ist voll der Idiot!<< – Paul ist stinksauer. Er hat für seinen Hausaufsatz eine 4 bekommen. Seine Klassenkameradin Sandra eine 2. Was sein Deutschlehrer nicht weiß und offenbar auch nicht gemerkt hat: die beiden haben den Aufsatz gemeinsam geschrieben und identische Texte abgegeben..

Es ist nicht das erste Mal, dass Paul sich über Ungleichbehandlung durch Herrn Meier beschwert. Als Eltern haben Sie ein Problem, wenn Ihrem Kind so etwas passiert. Wie wollen Sie das falsche Verhalten des Lehrers beweisen? Wenn Sie es beweisen können, wie bringen Sie dieses Wissen an, ohne Ihrem Kind zu schaden?

Immer wieder habe ich erlebt, dass intelligente, lebhafte Schüler zwischen 14 und 18 Schwierigkeiten mit männlichen Kollegen haben. Bei Lehrerinnen tauchen diese Probleme eher mit kleinen Rüpeln in der Grundschule auf.

Was ist die Ursache? – Ganz einfach! – Mädchen und auch stille Jungen, die sich gut benehmen, stören nicht, stellen nichts in Frage, verunsichern nicht. Viele Lehrerinnen haben es gern easy. Wenn der Schüler aber mit 15 seinen Lehrer um Haupteslänge überragt, wenn er dazu womöglich noch gut aussieht und Rückhalt in der Klasse hat, dürfte er bei zahlreichen Lehrern seine Probleme haben. Da steht plötzlich so ein Konkurrenzding im Raum, Mann gegen Mann. Mancher Lehrer, der sich schwach fühlt, beißt.

Gegenüber Frauen tritt dieses Phänomen eher selten auf. Der gleiche Schüler, der dazu neigt, mit seinen Lehrern Kräfte zu messen, ist Lehrerinnen gegenüber supercharmant. Wenn er mal daneben liegt, gibt es einen verbalen Schuss vor den Bug, man grinst sich an und alles ist gut. Das »Mann-Frau«-Verhalten schützt hier davor, aneinander zu geraten.

Martin war 16, ein guter Sportler, unglaublich hübsch und ein wenig unverfroren. Angst vor Lehrern kannte er nicht. Martin hatte seine Schwierigkeiten mit dem Mathelehrer. Der gab auch Physik, womit der Junge Gefahr lief, die Versetzung nicht zu schaffen. Nach fast jeder Stunde räsonierte der Kollege im Lehrerzimmer über diesen »unverschämten Kerl«. Auf Nachfrage erklärte er, der Junge sei arrogant und frech. Wobei er das nicht belegen wollte, es war wohl eher so ein Gefühl. Als Klassenlehrerin adoptiert man leicht seine Schüler, so dass ich mit der Zeit richtig genervt war. Eines Tages bat ich den Kollegen um ein Gespräch. Direkt sprach ich das Thema »Martin« an. »Was ist dein Problem mit dem Jungen?« – Schweigen. Dann bekannte der Kollege sehr ehrlich: »Weißt du, es stört mich schon, dass der da ist. Der braucht gar nichts Besonderes zu tun, um mich auf die Palme zu bringen.« – Wir verabredeten eine Strategie, mithilfe derer der Kollege zu ein wenig mehr Souveränität zurückfinden konnte. Wann immer er die Wut in sich aufsteigen fühlte, sagte er sich »Martin ist ein Kind. Er weiß es nicht besser.« Mit Kindern geht man freundlich um. Im Gegenzug machte ich Martin klar, dass die Schule ein guter Trainingsplatz fürs Leben sei. Die verschiedenen Lehrer seien gut Sparringspartner, denn jeder erwarte eine andere Behandlung.

Zu seinem Mathelehrer gab ich ihm noch ein paar Insider Tipps. Von da an lief es harmonischer zwischen den beiden.

Wenn der Deutschlehrer Ihr Kind nicht mag, suchen Sie das Gespräch, am besten direkt mit dem betroffenen Lehrer. Schildern Sie das Problem Ihres Kindes. Hören Sie sich an, wie der Lehrer argumentiert. Sprechen Sie auch Beispiele an, damit er Sie versteht, worum es geht. Geben Sie ihm die Chance, die Bewertung des letzten Aufsatzes zu überdenken. – Dann instruieren Sie ihr Kind.

Seine Lehrer kann man sich nicht aussuchen, wohl aber kann man lernen, mit ihnen umzugehen.

12. Mein Kind ist ein Außenseiter

Lehrer wissen es meist sehr schnell, Eltern erfahren es zuletzt, wenn ihr Kind in der Schule ein Außenseiter ist. Für manche ist das ein hausgemachter Zustand und deshalb auch zu ertragen. Für andere, die es gern anders hätten, ist es schlimm. Zum Außenseiter kann man aus den verschiedensten Gründen werden, manchmal sogar ohne triftige Erklärung.

> Yvette ist stark übergewichtig. Wenn man ihre Mutter kennt, erklärt sich das von selbst. Leider neigt Yvette aber auch zu Unsauberkeit, was jeder riechen kann. Aufgrund der ständigen Hänselei ihrer Mitschüler zickt sie die anderen schon an, bevor noch jemand etwas gesagt hat. Da auch ihre schulischen Leistungen höchst mittelmäßig sind, gilt Yvette als Loserin.

> Steven will anders sein. Bloß nicht so ein Langweiler, wie die anderen Angepassten! Das zeigt er schon durch sein Outfit. Der lange schwarze Ledermantel, den er im Sommer wie im Winter trägt, und die Springerstiefel sind das eine. Da er aber nur schwarz trägt und sich neuerdings auch noch das Haar schwarz gefärbt hat, sind nun auch die letzten Klassenkameraden auf Abstand gegangen. Dem Berufsberater hat Steven erklärt, er wolle Terrorist werden, das brächte gutes Geld. Eines Tages brachte er dann eine Pistole mit in die Schule. Der Schulleiter rief die Polizei, denn die Klassenlehrerin war nicht zu erreichen und man hielt den Jungen für eine Gefahr. Steven kam mit eigener Zustimmung in die Psychiatrie, da der Psychologe auch Suizidgefahr sah. Der Junge war allerdings weder selbst gefährdet, noch wollte er anderen schaden. Aber gefährlich wollte er wirken und anders, was ihm bis zu seiner Entlassung auch gut gelungen ist.

Elsa ist sonderbar, sagen die anderen. Sie schreibt in allen Fächern Einsen, aber sie nimmt am Klassengeschehen nicht teil. Wenn die Mädchen sich über Mode und Jungs unterhalten, geht Elsa weg. Nicht ihr Thema. Wenn die Jungen zusammenstehen und über Ballerspiele diskutieren, passt das auch nicht. Auf der Klassenreise stellt sich dann heraus, dass Elsa auch noch überzeugte Veganerin ist und die anderen zu missionieren versucht. Das ist denen einfach zu viel.

Nun denken Sie vielleicht, dass ein Lehrer es ja wohl schaffen müsste, seine Schulklasse zur nötigen Toleranz zu erziehen, Kinder, die »anders« sind zu akzeptieren. Das mag in vielen Fällen auch gelingen. Wenn ein guter Lehrer es schafft, aus seiner Klasse ein WIR zu machen, gibt es keine Außenseiter, denn dann wissen alle, dass jeder von ihnen »anders« ist. Leider sind wir Menschen aber nicht von Grund auf tolerant und was nicht der Norm entspricht, beäugen wir misstrauisch.

Wenn ein Kind darunter leidet, dass es nicht wie die anderen ist, können manchmal offene Worte Wunder tun. In einem Fall wie Yvette, muss jemand, dem sie vertraut, ihr Hygieneverhalten ansprechen. Auch das Übergewicht ist ein Thema. Gut wäre, wenn Yvette sich auf irgendeine Art für die Klassenkameraden interessant machen könnte. Was hat oder kann sie, das ihr die Achtung der anderen einbringen könnte? Eltern und Klassenlehrkraft sollten in einem solchen Fall eng zusammenarbeiten um Yvette zu unterstützen, ohne sie zu schwächen.

Elsa muss lernen, dass sie selbst tolerant sein muss, wenn ihre Klassenkameraden anders sind, sich z.B. nicht vegan ernähren. Sollte sie sich in ihrer Rolle unwohl fühlen, müsste sie sich mit den Mädchen befassen, auch wenn ihr deren Themen noch fremd sind. Wer »dazugehören« möchte, kommt um Kompromisse nicht herum.

Ein Kind, das sich bewusst abseits stellt, das durch seine Haltung allen zeigt »Ich bin anders – Vorsicht!« ist häufig zwiegespalten in seinen Bedürfnissen. Möglich, dass seine Protesthaltung und ein schrilles Outfit ursprünglich als Abgrenzungsversuch gegen seine Eltern gedacht war und später dann auf der ganzen Linie als exotisch goutiert wird. Dennoch braucht auch der jugendliche »Revoluzzer« Zustimmung, Zuneigung und Zärtlichkeit. Mancher Steven wird trotz oder wegen seiner Sperrigkeit von einzelnen Mitschülern gemocht. Wenn Sie als Eltern keinen Zugang mehr zu Ihrem Steven finden, holen Sie sich Rat, bevor es zu spät ist. Manchmal hilft nur eine Zeit der räumlichen Trennung.

An dieser Stelle möchte ich nicht zu erwähnen versäumen, dass nicht jeder, der »anders« ist, notgedrungen zum Außenseiter wird.

Aaron kommt aus gutbürgerlichem Elternhaus. Er ist ein Punk mit grünroter Irokesen Haartracht und Stachelhalsband. Auch sein Outfit, die Springerstiefel mit den offenen Schnürsenkeln und der lange Mantel, ist nicht das, was in seiner Familie üblich ist. Auf die Frage, wie sie das aushält, antwortet seine Mutter ganz ruhig: »Was denn? – Ach, Aarons Frisur? Na, das gibt sich wieder. Wenn er das schön findet, soll er. Aaron ist ein liebevoller großer Bruder für seine drei jüngeren Geschwister. Manchmal bastelt er allen eine solche Frisur und das finden die ganz toll. Ich wünsche mir keinen anderen Sohn.« Und so sehen das seine Mitschüler auch. Aaron ist mittendrin und voll akzeptiert. – Gegen was er mit seinem Outfit protestiert? – Gegen nichts! Ein Junge wie er probiert sich auf diese Weise aus. Das geht gegen niemanden. Man muss es als Eltern nur aushalten.

13. Mein Kind findet keine Freunde

Sie sind umgezogen? Ihr Kind kommt in eine neue Schule, an der es niemanden kennt? – Das ist heutzutage nichts Besonderes und trifft einen großen Teil der Schüler mehrfach. Ein Trost ist das allerdings nicht, denn durch den Verlust des Freundeskreises verlieren Kinder und Jugendliche ihren Stand und die Geborgenheit der bekannten Gruppe. In der neuen Klasse/ Schule muss sich das Kind beweisen, definieren, seinen Platz neu erkämpfen – und das ganz allein.

Äußerst hilfreich ist, wenn jemand ein guter Sportler ist. Jungen, die gut Basketball oder Fußball spielen, werden meist gern aufgenommen. Auch Kampfsportarten sind beliebt und verschaffen Respekt.

Besonders gute Schulleistungen, gutes Aussehen und teure Markenkleidung sind dagegen nicht immer die Eintrittskarte zu den Herzen der neuen Mitschülerinnen. Manchmal überwiegt der Neid und die Folge ist Ausgrenzung.

Ihr Kind ist schon ein paar Wochen in der neuen Umgebung und findet keine Freunde? Dann ist Ursachenforschung hilfreich.
- Befragen Sie die Klassenlehrerin nach den Umständen und ob sie kompatible Kinder kennt.
- Melden Sie Ihr Kind in einer Sport-/Theatergruppe an.
- Schauen Sie sich nach der Kleidung um, die die Schüler hier tragen (der Bärchenpulli von Oma ist für den Einstieg äußerst hinderlich, wenn hier alle schwarze Rollis tragen).

Manchmal hilft auch eine Begrüßungsparty. Nun kann oder möchte nicht jeder 25 fremde Schüler im Haus haben. Muss man ja nicht. In Absprache mit der Lehrerin bietet sich ein Ausflug in Forst, Tierpark oder Schwimmbad an. Geschickt betraut man die Peers (Anführer) und das eigene Kind gemeinsam mit verantwortungsvollen Aufgaben und macht ihnen klar, dass man erwartet, dass es auch klappt. Themen für Grundschüler könnten sein:

- gemeinsames Grillen,
- eine Rallye,
- ein Schwimmwettkampf,
- ein Schminkwettbewerb,
- eine Karaoke-Show,
- »Zirkus«,
- eine Seifenkiste bauen.

Wenn Ihr Kind bereits älter ist, müssen Sie kreativ sein. Freizeit für Jugendliche ist ungleich schwieriger zu gestalten, denn Abhängen und Chillen sind für Erwachsene anspruchsvolle Herausforderungen.

Gleich welchen Alters, durch Zusammenarbeiten verwischen Unterschiede schnell. Jeder hat seine Funktion, jeder ist wichtig in der ihm zugedachten Rolle. Was Sie gemeinsam erarbeiten, gestalten, bauen etc., wollen, bleibt Ihrer Fantasie überlassen.

Bevor Sie ein Kennenlern-Projekt in Angriff nehmen, machen Sie bitte ihrem Kind klar, dass das nicht ohne Kompromisse gehen wird. Geben Sie ihm Beispiele aus Ihrer eigenen Welt. Es fühlt sich besser an, wenn man das Gefühl hat, dass man nicht der Einzige ist, der ein solches Problem hat.

Grundsätzlich unterstütze ich jeden, der seinen eigenen Weg gehen möchte. Individualität ist kreativ. Im Falle von Kindern und Jugendlichen, die sich in neue Klassen bzw. Schulen integrieren müssen, rate ich jedoch, sich für den Start ein wenig anzupassen und mit der Selbstdarstellung zu warten, bis man einen Fuß in der Tür hat. Das hat nichts mit Schwäche zu tun. Es ist nur schlau.

14. Mein Kind ist hyperaktiv

Christofs Mutter wird bei seinen Hausaufgaben verrückt. Die drei kleinen Sätze für Deutsch dauern ihr einfach zu lange. Wie kann das angehen? Ist sie zu ungeduldig?

Christof beginnt mit dem ersten Satz. Nach zwei Wörtern stoppt er, kaut am Bleistift, beginnt, in seiner Schultasche zu kramen. »Christof, bitte weiter!« Er nimmt die Arbeit wieder auf und schreibt den Rest des Satzes schnell hin. Misstrauisch äugt seine Mutter auf das Heft. »Christof, du hast ja alles klein geschrieben! Warum das denn? Du kannst das doch!« »Weiß ich. Nicht dran gedacht.« Dann geht das Radieren los, denn den Füller hat die Lehrerin ihm wegen schlimmen Schmierens bereits untersagt. Er reibt so lange über das Papier, bis die Seite total unansehnlich ist. »Das schreibst du gleich noch einmal, mein Sohn.« »Och, ist doch egal. – Mietzi, Mietzi! Komm mal her!« Er springt auf und läuft zur Katze. Dann beginnt er wieder zu schreiben. Plötzlich klettert er auf den Stuhl und versucht, im Hocken von da oben weiter zu schreiben. »Christof!« »Was denn? – Ich bin ein Schreibhocker – ha, ha …«

Im Endeffekt dauern die drei Sätze so lange wie bei anderen Kindern ein ganzer Aufsatz.

Medizinisch gesehen ist noch nicht ganz sicher, ob Christof an ADS oder ADHS leidet, oder warum er ein Zappelphilipp ist. Gern möchte der Kinderarzt ein Medikament verschreiben, das den Jungen beruhigt, beim Konzentrieren helfen könnte. Die Eltern lehnen es wegen der mutmaßlichen Nebenwirkungen ab. Gibt es andere Wege für Kinder wie Christof?

Die Erfahrungen gehen auseinander. Wissenschaftliche Belege überzeugen nicht immer.

Nach meiner Erfahrung legt sich dieses Problem manchmal mit Beginn der Pubertät von selbst. Die Jahre bis dahin ohne Schaden zu überstehen, ist häufig kritisch. Was geholfen hat?

- phosphatarme Nahrung bevorzugen (vermeiden: Würstchen, Fastfood, zu viel Zucker, …),
- viel Bewegung/Sport täglich,
- Singen,
- ein Boxsack im Kinderzimmer,
- wenig Zeit mit Videospielen,
- arbeiten und lernen in kurzen Sequenzen,
- Klassenarbeiten ohne Ablenkung im Nebenraum schreiben,
- Belohnung für sauberes Schreiben,
- Motivationsanlässe schaffen, die zum richtigen Schreiben anregen.

Das Kind muss einen Sinn darin erkennen, warum ein Wort so und nicht anders geschrieben werden muss. Ich gebe zu solchem »Motivationstraining« gern einen Gutschein (Belohnung für …) an den betreffenden Schüler. Den schreibe ich so falsch, dass er ihn nicht lesen und verstehen kann. Auf seine Beschwerde hin erkläre ich, dass mir die Rechtschreibung gerade schnuppe sei. Wenn er sich beschwert »Aber so kann ich nicht wissen, was ich bekomme!«, biete ich einen Deal an. Ich schreibe richtig, wenn er es auch macht. Die nächsten Hausaufgaben sind fehlerfrei und ich ändere den Belohnungsgutschein.

Wichtige Hilfsmittel:

Rituale

Das Kind packt zu Beginn seiner Hausaufgaben alles Nötige ordentlich auf den Tisch. Dann beginnt es, die Aufgaben zu lösen. Nach getaner Arbeit räumt es alles wieder weg. Damit macht es selbst klar »Ich bin fertig«, »Ich habe etwas geschafft«.

Richtiges Sitzen

Hypermotorische Kinder neigen dazu, nicht zu sitzen, sondern auf dem Stuhl zu knien. Sie klettern hinauf und hinab, untersuchen plötzlich ihre Füße, weil sie diese im Blickfeld haben.

»Setz dich ordentlich hin, Christof.« Der Junge kniet auf seinem Stuhl, der Abstand zum Tisch ist dadurch viel zu groß, und auf seine Unterarme gestützt, hängt er über seinem Heft. So kann keiner sauber schreiben. – »Nö, ich sitz immer so.« Wieder ist Geduld gefragt. »Christof, lass uns ein Experiment machen.« Die Sitzposition beeinflusst tatsächlich die Konzentration. »Probiere aus, wie du dich fühlst, wenn du während des Lernens deine Beine in einem 90°-Winkel hinstellst. Danach testest du, wie es ist, wenn du dich beim Arbeiten hinstellst.«

Auch das Arbeiten im Stehen fördert die Konzentration und hilft, die Aufgaben schneller zu erledigen.

Zu Hause haben Sie einige Möglichkeiten, Motivationsschübe zu starten. Seien Sie erfinderisch.

Manche Eltern schwören auf *Wingwave*. Was ist das? Die *Wingwave*-Methode ist ein Leistungs- und Emotions-Coaching, das für den Coachee spürbar und schnell in wenigen Sitzungen zum Abbau von Leistungsstress und zur Steigerung von Kreativität, Mentalfitness und Konfliktstabilität führt. Erreicht wird dieser Effekt durch eine einfach erscheinende Intervention: das Erzeugen von »wachen« REM-Phasen *(Rapid Eye Movement)*. REM-Phasen durchlaufen wir sonst nur im nächtlichen Traumschlaf. Mit schnellen Handbewegungen führt der Coach den Blick seines Coachees horizontal hin und her. Das genaue Thema, das dieser bearbeiten möchte, wird zuvor exakt bestimmt und danach die Wirksamkeit der Intervention überprüft. Die Medizinische Hochschule Hannover hat durch eine Studie (2006– 2007) wissenschaftlich belegt, dass *Wingwave* nicht nur kurzfristig wirkt. Erstaunlich war das Ergebnis der Nachbefragung ein halbes Jahr nach der Untersuchung: Die große Stärke von *Wingwave*-Coaching scheint nicht nur in der momentanen Stress-Reduktion zu bestehen, sondern in der nachhaltigen Entfaltung von positiven Gefühlen und Zuständen.

Welche Methode Sie auch wählen, immer sollten Sie auf Abwechslung achten. Monotonie macht ihr Kind unruhig. Es beginnt sich zu langweilen, schaut aus dem Fenster, kritzelt womöglich im Heft herum.

Aber was am wichtigsten ist: Verzeihen Sie sich, wenn Sie einmal die Geduld verlieren. Entschuldigen Sie sich nicht bei Ihrem Kind, sondern fordern Sie es zur Eigenverantwortung auf. »Du musst jetzt nicht mitmachen, wenn du später doch lieber nicht Tierarzt oder Naturforscher werden möchtest. Es gibt ja auch Putzjobs oder du könntest am Fließband arbeiten.« Sollten Sie sich mit dieser Klarheit und Abgrenzung überfordert fühlen, ist es oft besser, das Lernen ihres Kindes von einer externen Person begleiten zu lassen.

Ich betreue immer wieder hypermotorische Kinder. Es hilft mir dabei sehr, konzentrationsfördernde Aktionen speziell auf die Eigenarten des jeweiligen Kindes zuzuschneiden. Ich kenne seine Hobbys und Vorlieben und versuche, hin und wieder etwas ganz Neues, zumindest aber Abwechslung in den Arbeitsablauf einzubringen.

Mathematikaufgaben langweilen Ivo schnell. Dann macht er Fehler und tut so, als könne er nicht bis drei zählen. Als er eines Tages nicht mehr multiplizieren und dividieren »kann«, erlöse ich ihn vom Schreibtisch, was seinem Bewegungsdrang gut tut und frage: »Ivo, meinst du, dass du mir helfen könntest? Ich möchte auf der Terrasse neue Platten legen. Dazu müsste man die ganze Fläche ausmessen und berechnen, wie viele ich kaufen muss. Das Problem ist, die Neuen sind auch quadratisch, aber 10 cm kleiner als die, die da liegen.« Ivo ist sofort Feuer und Flamme. »Klar, ist doch easy«, tönt er, »ich brauch nen Zollstock, Papier und Bleistift.« Dann marschiert er mit seinem Handwerkszeug bewaffnet in den Garten. Der Junge kniet auf der Terrasse, misst äußerst konzentriert die Platten aus, dann vermisst er die ganze Fläche. Ich frage nach, wie er das nun herauskriegen wird. »Ganz einfach«, sagt er, »zuerst guck ich, wie groß deine Terrasse ist.« »Wie kriegst du das heraus?« »Haben wir doch gelernt. Ich multipliziere die Länge mal die Breite.« »Und?« »Das sind 60 qm.« »Und die Platten?« »Die alten sind quadratisch und 50 cm lang und breit, also $0,5 \, m \times 0,5 \, m = 0,25$ qm. Wenn ich nun 60 qm durch 0,25 teile, kommt 240 heraus. 240 Platten liegen da.« »Und wie weiß ich, wie viele ich von den kleineren brauche?« »$0,4 \times 0,4 = 0,16$ qm. Nun die ganze Terrasse — 60 qm geteilt durch 0,16 qm. Kommt 375 heraus. — Du brauchst also 135 Platten mehr als jetzt.« »Wie sieht das denn kostentechnisch aus? Die kleinen kosten 2 € das Stück, die größeren 3 €.« »Dann sparst du nichts. Musst noch ein wenig draufpacken.«

Geht doch!

15. Mein Kind kifft. Was kann ich tun?

»Ihr Sohn hat sich in allen Fächern verschlechtert.« Sie schauen ungläubig. »Ich bin sicher«, fährt die Lehrkraft fort, »dass Tobias nicht plötzlich verblödet ist.« Sie glauben sich verhört zu haben, aber es geht noch weiter. »Tobias verschläft ganz einfach den Unterricht.« Sein neuerdings ungewöhnliches Schlafbedürfnis ist Ihnen allerdings auch schon aufgefallen. »Geht er zu spät schlafen oder könnte es sein, dass Ihr Sohn vor dem Unterricht kifft?«

Nun ist es raus. Sie sind fast erleichtert, denn Sie haben auch seltsame Veränderungen am Verhalten ihres Sohnes bemerkt, die sie sich bisher nicht erklären konnten. Seine plötzlichen Stimmungsschwankungen sind Ihnen ein Rätsel. Manchmal kichert er völlig unmotiviert wie ein Kleinkind, wegen nichts. Auch sein Heißhunger auf Süßes überrascht, da er früher auf Schokolade und Bonbons nicht abfuhr.

Ihr Sohn ist 14. Dass er heimlich raucht, wissen Sie. Es ist schwer, ihm das zu verbieten, wenn Sie selbst Raucher sind.

Der Klassenlehrerin versprechen Sie, dass Sie sich kümmern werden. Deshalb gehen Sie zu Hause sofort ins Internet und suchen Infos zum Thema Marihuana, Abhängigkeit von Drogen, Auswirkungen auf den Körper und die Psyche. Sie wollen es genau wissen und verabreden einen Beratungstermin mit einem Spezialisten. (In jeder Stadt gibt es Anlaufstellen für Drogenfragen.). Oder Sie besorgen sich empfehlenswerte, anschauliche Bücher wie *Wenn ohne Joint nichts läuft* von Lisa Lindberg oder Amon Barths *Mein Leben als Kiffer*.

Mit Ihrem Sohn wollen Sie erst sprechen, wenn Sie auf dem neuesten Stand sind. Das Thema ist zu heiß, um unvorbereitet in den Ring zu steigen. Denn eines ist sicher, eine Niederlage können Sie sich nicht leisten.

Wann sprechen wir von Hanf, Cannabis, Haschisch und Marihuana?

Cannabis ist eigentlich das lateinische Wort für Hanf. In Deutschland wird der Begriff allerdings oft umfassend für Hanfpflanzen und THC-haltige Produkte der Pflanze genutzt.

Als Marihuana oder Gras bezeichnet man die getrockneten Blüten der weiblichen Hanfpflanze. An Drüsenhaaren auf diesen Blüten sitzt das »Harz« der Pflanze mit seinen hohen Konzentrationen von THC, CBD und anderen Cannabinoiden. Marihuana ist je nach Qualität, Herkunft, Anbaumethode und Trocknungsgrad üblicherweise grün bis bräunlich, teilweise auch weiß oder leicht lila.

Haschisch ist das gesammelte und meist gepresste Harz der Hanfpflanze. Es kann nicht nur aus den Blüten, sondern auch aus mit Harzen besetzten Blättern gewonnen werden. Je nach Qualität und Herstellungsmethode schwankt seine Farbe von hellem Graubraun bis zu mattem Schwarz.

Zum Thema »Wirkung von Marihuana« gibt es zahlreiche Studien, die sich in ihrer Aussage zum Teil deutlich widersprechen. Darum wäre es müßig, diese Sachverhalte hier zu diskutieren. Erwiesen ist jedoch, dass das THC des Haschisch eine recht lange Verweilzeit im Körper hat. Müdigkeit ist als Folge des Konsums für Schüler durchaus ernst zu nehmen. Wer vor oder während des Vormittags kifft, wird von Unterrichtsinhalten während dieser Zeit nichts mitbekommen. Außerdem wächst bei manchen die »Scheiß-egal-Haltung« oder Depressionen stellen sich ein.

Leider reicht so manchem Jugendlichen die Wirkung von Marihuana irgendwann nicht mehr, denn sie lässt sich nicht steigern. Dass man dann zu härteren Drogen greift, um den Kick zu erhöhen, ist naheliegend. Insofern ist das Argument, dass Haschisch nicht abhängig macht, nicht richtig.

Generell ist die Abhängigkeit vom Rauchen oder vom Alkohol als mindestens ebenso gefährlich, wenn nicht noch gefährlicher einzustufen. In der Summe gibt es mehr Erwachsene, die an sogenannten weichen Drogen hängen, als solche, die nach dem Konsum von Cannabis in ihrer Jugend zu Drogenabhängigen wurden. Womit sich jemand berauscht, ist eben sehr individuell.

Der neue Trend der Politik, Marihuana für Erwachsene zu legalisieren, hilft Eltern in der Argumentation gegen den Konsum allerdings nicht besonders.

Wenn Sie dann das Gespräch mit Ihrem Sohn suchen, gehen Sie behutsam vor.

Cannabiskonsum von Kindern und Jugendlichen ist ein weit verbreitetes Phänomen. Er wird vermutlich nicht der einzige User in seiner Klasse sein. Ein Großteil der jungen Cannabisnutzer stellt den Konsum nach einer kurzen Probierphase wieder ein. Daher sollten Sie überharte Reaktionen vermeiden. Wenn möglich, sprechen Sie mit Ihrem Kind über sein Konsumverhalten und dessen Ursachen. Weisen Sie behutsam auf die Risiken und Nebenwirkungen hin und fordern Sie durch ehrliche Informationen die Eigenverantwortung Ihres Sohnes. Mit Strafen würden Sie sich womöglich von ihm entfernen. Offene Gespräche hingegen können ihm helfen, sich für den Verzicht zu entscheiden.

Sehen Sie sich der Sache nicht gewachsen, empfehle ich, gemeinsam mit Ihrem Kind eine Drogenberatung aufzusuchen. Die wird ihm helfen, Ihre Probleme mit dem Konsum zu verstehen und zu akzeptieren. Bleibt zu hoffen, dass er daraus die richtige Konsequenz zieht.

16. Unser Sohn ist ein Rüpel!

Wieder haben Sie eine Einladung zum Elterngespräch erhalten. Es geht, wie schon so oft, um das Verhalten ihres Sohnes Ben (14). Sie fragen sich, woher er das schlechte Benehmen hat. Rüpel gibt es in verschiedener Qualität.

Leo benimmt sich wie die Axt im Wald. Regeln des Miteinander gelten für ihn nicht. Immer wieder gerät er in Konflikt mit seinen Mitschülern. Dabei geht er derart rigoros vor, dass diese ihm schon mit Angst begegnen. Neuerdings tragen ihm zwei Jungen die Schultasche nach Hause, obwohl sie in entgegengesetzter Richtung wohnen. Wie macht er das? Leo ist 12 Jahre alt.

Albert (9) provoziert Mädchen, bis sie sich wehren. Dann gibt ein Wort das andere und irgendwann – meist recht schnell – fühlt er sich berechtigt, handgreiflich zu werden.

John (14) arbeitet in vielen Fächern nicht mit. Wenn die Lehrerin ihn trotzdem dran nimmt oder fragt, reagiert er unverschämt.

Beata (13) ist ein hübsches Mädchen. Jede in ihrer Klasse möchte mit ihr befreundet sein, denn sie ist der Schwarm aller Jungen. Wer nicht zu Beatas Freundinnen zählt, hat es nicht leicht. Beata mobbt und intrigiert. Sie hat es geschafft, dass eine Mitschülerin nicht mehr zur Schule gehen mochte.

Sie müssen sich anhören, dass Ihr Kind Lehrern gegenüber frech und unverschämt reagiert. Kritik kann es nicht annehmen oder verkraften.

»Wie ist das denn zu Hause?«, will die Lehrerin wissen. Sie denken an den letzten Konflikt, gerade am heutigen Morgen. Ben sollte den Müll rausbringen. »Ja, gleich.« »Bringst du bitte jetzt den Müll raus, Ben!« »Ich sag doch – gleich.« »Ben, jetzt.« »Bring doch deinen Scheißmüll allein raus, Mensch!« Sie erinnern sich, dass sie das auch wirklich getan haben. Sie wollten keinen Stress.

Die Lehrkraft berichtet, dass Ben nicht mit sich reden lässt. Wenn man sein rüdes Verhalten kritisiert, hört er nicht zu. Stattdessen fängt er an, in seiner Tasche zu kramen, verdreht genervt die Augen oder kippelt mit seinem Stuhl und grinst. »Ben hat keine Achtung vor Erwachsenen«, sagt die Lehrerin und »Das muss er ändern, so kommt er nicht durch.«

Sie geben zu, dass sein Verhalten Ihnen gegenüber nicht anders ist. Warum ist das so? Wie können Sie es ändern?

Es gibt sicher mehr als zwei Erklärungsversuche. Der Sohn einer Freundin, ein sonst sanfter und liebenswürdiger junger Mann, zeigte ähnliche Symptome. Im Gespräch stellte sich heraus, dass er eine neue Clique hatte. »Kollegen« nannte er sie. Innerhalb dieser Gruppe zählte nur der, der »cool« war. Und »cool« bedeutete nicht nur Ghettowortschatz – »Digga, gib ma Feuer« – »Was geht, Bro?« Cool war auch nur der, der Schule samt Lehrer *scheiße* fand und machte, was er wollte.

In diesem Fall halfen ernste Gespräche und die Ansage empfindlicher Streichungen von Privilegien. Zufällige Entscheidungshilfe lieferte die Verhaftung eines der Kollegen, der mittels einer Waffe einen Tankstellenbesitzer zur Herausgabe einer Flasche Whiskeys überreden wollte.

Sozialverhalten entwickelt sich von klein auf, wobei die offizielle Prägephase mit drei Jahren vorüber ist. Das heißt jedoch nicht, dass der Mensch danach nichts mehr lernen oder ändern kann!

Ein Grund kann also sein, dass Sie versäumt haben, Ihren Sohn von Beginn an zu sozialem Miteinander zu erziehen. Wenn Ben nicht schlafen wollte, durfte er aufbleiben, bis er vor

Müdigkeit auf dem Teppich einschlief. Dass Ihre Sozialkontakte schwanden, nahmen Sie in Kauf. Später hatte er keine Pflichten im Haus. Ben spielte, sein Zimmer räumte Mama auf. Er musste sich nicht um sein Kaninchen kümmern. Ben spielte damit, wenn er Lust hatte, Mutti säuberte den Stall.

Wenn Mama mit ihm schimpfte, schrie er »Du bist doof!« und rannte weg. Sein Vater fand das lustig. Konsequenzen hatte es nicht. Wenn Mutter und Vater Streit hatten, hörte Ben seinen Vater sagen »Du bist doch bescheuert!« Seine Mutter weinte.

Ben hat nicht gelernt, dass man auf andere Rücksicht nimmt und dass man höflich ist. Seine Eltern gehen selbst nicht besonders nett miteinander um. Hierbei handelt es sich aber um Grundtugenden, ohne die es im täglichen Miteinander nicht geht, im Berufsalltag schon gar nicht. Wer seinem Kind Achtung vor anderen, Umgangsformen und Empathie nicht nahe bringt, tut ihm keinen Gefallen. Kleine Terroristen sind fast immer das Produkt ihrer Eltern. Aber was nun tun, wenn das Kind 14 ist?

Einem Jugendlichen sollte man klare Ansagen machen. Er muss wissen, dass er allein sein Tun und Lassen verantwortet und dass Fehlverhalten Konsequenzen hat. Ich würde allerdings empfehlen, auch zu Hause nun besonders auf sein Verhalten zu achten und schlechtes Benehmen nicht nur anzusprechen, sondern auch zu ahnden. Dazu ist es unbedingt nötig, dass Sie durch Ihr eigenes Verhalten glaubhaft rüberkommen. Es dürfte wenig nützen, wenn Sie plötzlich wie ausgewechselt Ihren Heiligenschein putzen, wenn Ben jahrelang erlebt hat, wie »dumme Nuss« und »Scheißkerl« sich stritten.

Ich glaube, dass man problemklärende Gespräche selbst hinbekommen kann, wenn einem klar geworden ist, dass es in der Form nicht weitergehen kann. Allerdings wird es dieser Gespräche zu Beginn häufiger bedürfen.

Wenn Sie der Ansicht sind, dass Sie eine Kehrtwendung im familiären Umgangston nicht allein schaffen, holen Sie sich professionelle Hilfe, die Ihre Versuche moderiert.

17. Meine Tochter liebt ihren Mathelehrer!

>»Wann kann ich endlich ins Bad?!« – Katharinas Vater ist genervt. Er muss den 7:00-Uhr-Bus bekommen und seine Tochter blockiert seit einer Dreiviertelstunde das Badezimmer. Das geht schon seit zwei Wochen jeden Montag und Donnerstag so, genaugenommen, seit das neue Schuljahr begonnen hat. Katharina ist 16 und besucht nun die 10. Klasse eines Gymnasiums.
>
> »Was ist mit dem Kind los?«, will Papa wissen. Aber auch Mama ist die Tochter momentan ein Rätsel.

Beim ersten Elternabend des Schuljahres stellen sich die neuen Lehrkräfte vor. Und schlagartig löst sich das Fragezeichen bei Katharinas Eltern in Wohlgefallen auf. Sie schauen einander fragend an und müssen lachen, denn sie kennen ihre Tochter eigentlich ganz gut. Die steht auf George Clooney. Der neue Mathe-Lehrer ist ihm wie aus dem Gesicht geschnitten, nur viel jünger.

»Wenn sie sich nicht nur für ihn schminkt, sondern auch mehr Lernzeit investiert, warte ich gern vor dem Bad«, grinst der Vater.

Beim Frühstück kann er sich nicht bremsen und fragt: »Kathi, wie kommst du mit dem neuen Mathelehrer klar? – Der scheint mir ein sehr unerfahrenes Jüngelchen zu sein.« Und schon hat er seine Tochter auf der Palme. »Der kann ganz toll erklären, Papa. Immer hast du Vorurteile!« Als sie mit ihrer Mutter allein ist, will sie wissen, wie diese den Mathelehrer findet. »Süß!«, ist die spontane Antwort. »Wie Clooney. – Wenn ich jünger wäre …«

»Ja, ist der nicht toll?!«, schwärmt Katharina. »Aber Klara macht sich so peinlich an den ran … Du Mama, ich treff mich nach der Schule mit Liza. Die erklärt mir Mathe. Ich darf mich nicht blamieren!«

Soweit, so gut. Was kann man als Eltern mehr wollen als so einen Motivationsschub.

Klaras Eltern sind nicht so glücklich. Ihre Tochter ist nahezu besessen vom Mathelehrer. Sie hat heimlich Fotos von ihm gemacht. Die hängen jetzt an der Wand ihres Zimmers. Seine Mobilfunknummer hat sie sich mit List im Schulbüro organisiert. Regelmäßig schickt sie ihm WhatsApp-Nachrichten. Mit einer Mitschülerin hatte sie eine Schlägerei, weil sie der unterstellte, den Angeschwärmten zu belästigen. Mitten im Matheunterricht machte sie plötzlich eine andere quer durch den Raum an »Glotz nicht so, Mel. Er sieht dich sowieso nicht.« Für das Fach tat sie nichts mehr, denn sie hatte damit zu tun, sich für ihn interessant zu machen. »Herr M., haben Sie nach der Stunde kurz Zeit, ich müsste Sie etwas fragen?« Und das nach jeder Mathestunde.

Herr M. hat sich telefonisch an Klaras Eltern gewandt und darum gebeten, dass diese mit ihrer Tochter reden mögen. Zum einen fühle er sich langsam gestalkt, zum anderen möchte er nicht in ein falsches Licht kommen. Er habe auch die Befürchtung, Klara könnte aus Enttäuschung über seine Abweisung in irgendeiner Form überreagieren.

Obwohl es immer wieder einmal vorkommt, dass ein Lehrer nach Ablauf der Schulzeit eine dann volljährige ehemalige Schülerin heiratet, muss man einem jungen Mädchen wie Klara deutlich machen, dass das höchst selten ist und sie sich besser ein anderes Ziel ihrer Begierde aussucht.

18. Schon wieder ein Ausflug!
Wer kann das bezahlen?

>»Mama, ich brauch morgen 30 €. Wir machen einen Ausflug.« »Wofür
bitte soviel Geld?« »Wir gehen auf die Go-Kart-Bahn. Da kostet eine
halbe Stunde 38 €. Wir kriegen es als Klasse sogar billiger.« »Aber ihr
wart doch gerade letzte Woche beim Wasserskilaufen. Das hat auch
20 € gekostet. – Ich drucke doch mein Geld nicht selbst!«

Schuljahrsende. Die Klausuren sind geschrieben, die Zeugniskonferenzen gewesen. Wie will Schule die Schüler in dieser
Zeit begeistern? Manche Lehrer verkünden nach der Zeug-
niskonferenz rigoros, dass für sie von da an das neue Schuljahr beginne.

So bleibt ihren Schülern nichts anderes übrig, als einfach weiter zu arbeiten. Meiner Erfahrung nach ist das die beste Lösung,
zumal dann, wenn man zur Belohnung kurz vor Ferienbeginn
einen gemeinsamen Event verspricht. Andere hangeln sich ohne
groß nachzudenken durch die letzten Tage, indem sie inflationär
Ausflüge ansetzen. Was Jugendliche heute interessiert, ist in der
Regel nicht der Waldspaziergang, das Picknick oder die Radtour
an den nächsten See. Dennoch kann man sie dafür begeistern,
wenn man es gut verkauft. Vorteil: Es kostet wenig bis nichts
und ist ein echtes Gemeinschaftsding.

Lehrer, die dieses Talent nicht ihres nennen, bieten das an,
was Mainstream toll findet: Wasserski, Klettergarten, Go-Kart-
Bahn, Jumphouse.

Sie als Eltern entscheiden mit, wohin die Reise geht. Sprechen Sie das Thema »Letzte Wochen des Schuljahres« beim
Elternabend an. Machen sie kreative Vorschläge zur Gestaltung

dieser Zeit. Bedenken Sie, dass nicht alle Familien gut situiert sind und bei manchen Geld wirklich knapp ist.

Anregung: Projekte

Nun wäre Zeit für Projektarbeit. Die Schüler erarbeiten neue Inhalte, machen dabei andere, soziale und schulexterne Erfahrungen, wachsen in andere Rollen hinein.

Welcher Art solche Projekte sein können, sollten die Schüler entscheiden dürfen. Nur wenige Vorschläge:
- Wir bauen ein Fahrzeug
- Wir gründen eine Schülerfirma
- Wir machen einen Tanzkurs
- Wir proben ein Theaterstück
- Wir forschen über »Religionen in unserer Stadt«
- Wir führen Schüleraustausch innerhalb unserer Klasse durch. Jeder wohnt und lebt für eine festgelegte Zeit in der Familie eines Klassenkameraden
- Wir engagieren uns im sozialen Bereich

Über Ihren Geldbeutel entscheiden Sie, nicht die Schule. Sie können verlangen, dass Lehrer ihrer Aufgabe nachkommen und sich Gedanken machen, wie sie in den letzten, durchaus schwierigen und nicht immer angenehmen Schulwochen ihre Arbeitszeit gestalten wollen und können.

19. Soll mein Kind an der Klassenreise teilnehmen?

Klassenreisen sind nicht nur spannend und lustig für Schüler, sie sind auch meist für die begleitenden Lehrer ein Erlebnis der besonderen Art. Während ihre Schüler ihr wahres Ich ausleben, haben Lehrer fünf Tage lang Dienst rund um die Uhr, wobei sie versuchen, die 28 Ichs im Blick zu behalten. Die Eindrücke von Essgewohnheiten, Ordnungssinn und Hygiene der Schüler sind vielfältig und oftmals überraschend. Die Verantwortung ist riesig und irgendwie steht man als Lehrer auf Klassenreise immer mit einem Bein im Gefängnis. – Sie glauben, ich übertreibe?

Grundschulfahrten sind pädagogisch gesehen enorm wichtig für die Kinder. Sie üben Sozialverhalten, das später nicht nur der Klassengemeinschaft zugutekommt. Sie lernen, sich von ihren Eltern abzunabeln und so ein klein wenig selbstständiger zu werden. Manches Kind überrascht die Mama nach so einer Reise damit, dass es seine Schnürsenkel selber zubinden kann. Andere essen plötzlich Gemüse, was Mama zuvor nicht hineinbekommen hat. Immer aber ist ein Kind dabei, das es vor Heimweh nicht aushält und abgeholt werden muss. Die Kunst des Lehrers besteht darin, den Dominoeffekt zu stoppen, bevor diese Befindlichkeit zur Epidemie wird und man vor lauter Tränen nasse Füße bekommt.

Schlimm ist, wenn die Nummer mit dem Abholen sich bei Pepe bis in die 10. Klasse fortsetzt. Die Abschlussreise nach Spanien wird er durchstehen müssen, denn drei Flüge wird selbst seine immer verständnisvolle und nachsichtige Mutter nicht bezahlen.

Sie hören da Ironie? In der Tat sind oft die Mütter Schuld an den Ängsten ihrer Kinder. Lassen Sie los! Lassen Sie Ihr Kind ziehen. Es kommt ja wieder.

Nicht auszudenken, wenn Clara von der Klassenreise womöglich nicht allein zurückkommt. Schon auf der Hinreise nach Bayern verschwindet sie mit einem fremden Jungen in seinem Abteil. Der Aufsicht der Eltern entwichen, will Clara sich in dieser Woche an Regeln nicht halten. Zu den Mahlzeiten und Unternehmungen ist sie aber immer pünktlich anwesend. Zur Schlafenszeit liegt Clara als eine der Ersten im Zimmer. So dauert es, bis ihre Regelverstöße den begleitenden Lehrern auffallen. Gut auch, dass es auf jeder Reise Schüler gibt, die mitdenken und mutig genug sind, den Lehrer an diesem Prozess teilhaben zu lassen. Als ein solcher Tipp den Klassenlehrer nachts um 3:00 Uhr in ein bestimmtes Jungenzimmer treibt, überrascht er dort Clara und einen Knaben bei innigem Austausch von Körperflüssigkeiten.

Ihre Mutter, die man telefonisch davon in Kenntnis setzt, fällt aus allen Wolken. Sie will das von ihrer »kleinen Tochter« nicht glauben und beschimpft den Lehrer. Bei dem obligatorischen Elterngespräch nach der Reise stellt sich heraus, dass Clara über-kontrolliert aufwächst. Sie hat nur wenig Freiheit, was dazu führte, dass sie die Reise als Chance sah, etwas zu erleben.

Ich beobachte immer wieder, dass Eltern es zu gut mit ihren Kindern meinen. Sie möchten sie vor allem beschützen und erdrücken sie mit dieser Fürsorge, statt loszulassen. Klären Sie Ihr Kind über Risiken und Gefahren auf. Reden Sie auch über Moral und Werte. Machen Sie ihm deutlich, was Ihnen wichtig ist und dass Sie ihm vertrauen. Und dann arbeiten Sie daran, dass Sie das auch wirklich tun.

Vor der Klassenreise gab es klare Ansagen, was erlaubt ist und was nicht. Den Schülern war bewusst, Drogenkonsum oder -besitz würde das Ticket zur Heimreise sein.

Der Tipp ging nach einer knappen Stunde Zugfahrt Richtung Sylt an den Klassenlehrer. Diejenigen, die sich auf der Insel schöne Zeiten mit Cannabis erhofft hatten, wurden gestellt und bei Ankunft umgehend in den Zug Richtung Heimat verfrachtet. Auch diese Eltern erwachten unsanft.

Sie denken, bei all diesen Geschichten kann man sein Kind nicht auf Klassenreise schicken? Und ob!

Eltern, die zu ihren Kindern ein Vertrauensverhältnis haben, sollten diese Erfahrung unbedingt ermöglichen, mal ganz davon abgesehen, dass solche Reisen Schulveranstaltungen und verbindlich sind. Ein aufgeklärter Jugendlicher wird nicht plötzlich drogenaffin, nur weil Mitschüler Shit rauchen. Julia wird sich nicht sexuell mit einem männlichen Wesen einlassen, nur weil sie auf einer Klassenreise ist. Sie haben Ihr Kind in Ihrem Sinn erzogen. Es lebt nach Ihren Werten. Diese Werte sind nicht nur Grenzen, sie sind auch Halt. Ihr Kind weiß, was richtig und was falsch ist.

Selbstverständlich wollen Jugendliche sich ausprobieren, auch einmal Grenzen übertreten. Eine Klassenreise ist dazu bestens geeignet. Heimlich wird geraucht. Bier wird in Fanta-Flaschen umgefüllt. Man trifft sich nachts am Strand. Liebespaare finden sich. 20 Jungs und Mädchen hocken auf einem Hochbett im Mädchenzimmer und klönen die ganze Nacht.

Lehrer wissen und kalkulieren das. Es ist ihr Risiko, wie weit sie die Toleranzgrenze verschieben. Schüler, die in geordneten Elternhäusern aufwachsen, kennen ihre Grenzen und sind darin geübt, Verantwortung für ihr Tun zu übernehmen. Ihre Eltern haben sie über Verhütung und kritische Situationen aufgeklärt. Diese Jugendlichen können darauf vertrauen, dass Ihre Eltern für sie da sind, ganz gleich, was geschieht. Ich habe es erlebt, dass eine Schülerin mich fragte, ob sie ausnahmsweise erst um Mitternacht im Zimmer sein könnte. Der Knabe, in den sie sich verliebt hätte, würde am nächsten Tag abreisen. Ich habe es ihr erlaubt. – Pünktlich um 0:00 Uhr klopfte es an meiner Tür. Da stand sie mit verweinten Augen und meldete sich zurück.

Also: Klassenreisen unbedingt! Die positiven Auswirkungen auf die Klassengemeinschaft und damit auf das Lernklima sind

unschätzbar wertvoll. Das Risiko für Ihren Nachwuchs ist überschaubar, denn
- Sie haben Ihr Kind aufgeklärt,
- es ist gewohnt, Regeln zu akzeptieren,
- es handelt selbstverantwortlich und steht zu seinen Regelverstößen und
- es ist nicht allein, erfahrene Pädagogen begleiten Klassenreisen.

20. Alle backen einen Kuchen

»Mama, nächsten Samstag ist Schulfest. Die Eltern sollen die Cafeteria übernehmen. Alle Mütter backen einen Kuchen. Und weißt du, was das Tollste ist? Der beste Kuchen kriegt einen Preis!«

Sie kennen diese Momente? Der Mund wird trocken, der Blutdruck steigt. Zwischen Ärger und Verzweiflung liegt nur noch ein winziger Schritt. ›Auch das noch‹, denken Sie. ›Hab ich nicht genug zu tun? Und dann auch noch Kuchen. Wenn es um Antipasti ginge oder um Gegrilltes, kein Problem. Aber ausgerechnet Kuchen!‹ Und was am heikelsten ist: Sie wollen Ihr Kind keinesfalls enttäuschen. – Manche mögen selbst keinen Kuchen, manchen gelingt das Backen einfach nicht, bei anderen sitzt die Abneigung gegen das Backen tiefer. Wenn Ihre Mutter eine begnadete Bäckerin ist, haben Sie es wahrscheinlich früh aufgegeben, dagegenhalten zu wollen. »Kind, es ist kein Wunder, dass dir dein Kuchen zusammenfällt. Dem fehlt garantiert das eine oder andere Ei. Hast du Mineralwasser genommen oder etwa das aus der Leitung?«

Ihrer Familie ist es ziemlich wurscht, wo der Kuchen herkommt, der sonntags auf dem Kaffeetisch steht. Ihren Kindern und deren Freunden auch, Hauptsache es ist welcher da.

Nun sollen Sie also statt mit ihrer Mutter mit zig backbegeisterten Schülermüttern konkurrieren, die wahrscheinlich wieder die irresten Rezepte verwirklichen. Sie erinnern sich noch an die letzte Weihnachtsfeier und daran, wie Sie über das unglaublich vielfältige Kuchenbuffet gestaunt haben.

Es gibt mehrere Möglichkeiten sich aus diesem Stress zu befreien. – Erst einmal kräftig durchatmen!

- Wenn Sie gut bei Kasse sind, lassen Sie beim Bäcker ein Blech Butterkuchen backen. Der schmeckt garantiert, und es sieht ihm niemand an, woher er kommt.
- Bitten Sie eine gute, verschwiegene Freundin, für Sie ihre tolle Philadelphia-Tarte zu machen. – »Ich bügle deine Blusen dafür.« (mähe deinen Rasen, hüte deine Katze …)
- Wenn es keine backfreudige Freundin gibt, das Haushaltsgeld nicht so reichlich ist, nutzen Sie das Angebot der Tiefkühltruhe eines Lebensmittelmarktes. Tauen Sie den Kuchen/die Torte rechtzeitig auf (!), richten sie ihn auf einem schönen Teller an und garnieren Sie ihn mit frischen Früchten o. ä. Niemand wird auf die Idee kommen, das Werk könnte gekauft sein.
- Wenn trotz Backneurose ein guter Draht zu Ihrer Mutter besteht, bitten Sie sie, für ihren Enkel den interessantesten Kuchen zu zaubern, mit dem er auf dem Kuchenbuffet eine Chance auf den 1. Preis hat. – »Mama, du kannst das einfach am besten.«

21. Der Abschluss- oder Abiball

Zum Beginn Schultüte und Einschulungsfeier, am Ende der Abschlussball. So wird die Schulzeit eine runde Sache. Traditionen müssen sein.

Der Abschlussball ist ein aufregendes Ereignis – für alle Beteiligten. Für Eltern bedeutet er das Ende eines wichtigen Abschnitts im Leben ihres Kindes, den sie durch dick und dünn begleiten durften. Für Schüler ist er zugleich Endpunkt der Schulzeit und Start in den nächsten Lebensabschnitt, die Berufs- oder weiterführende Schulausbildung.

Alle möchten feiern, aber wer ist eigentlich zuständig? Wer organisiert einen Ball? Wer haftet?

»Schule« ist in der Regel nicht der Ausrichter von Abi- oder Abschlussbällen, denn beides sind genaugenommen keine Schulveranstaltungen, da die Teilnehmer zur Zeit des Festes nicht mehr der Schule angehören. So gibt es für Abschlussschüler zwei Möglichkeiten: Ein Festkomitee der ehemaligen Schüler übernimmt die Verantwortung, oder es finden sich Eltern, die dazu bereit sind. Ohne festen Ansprechpartner wird kein Gastwirt oder Veranstalter einen Vertrag für einen Ball eingehen.

Sollten Sie als Eltern den Ball organisieren, haben Sie einiges zu bedenken. In der Regel nehmen Gasthäuser mit großen Sälen keine Saalmiete. Sie leben vom Getränkeumsatz. Professionelle Ballsaalvermieter hingegen langen meist kräftig zu. Seien Sie nicht überrascht, wenn man Ihnen dort schon im Voraus eine Anzahlung von mehreren Tausend Euro abverlangt.

Wie gehen Sie am besten vor?
- Sie bilden mit einigen Schülern (drei – vier) ein Festkomitee. Viele Köche verderben den Brei. Also nicht mehr als sechs Personen!
- Gemeinsam besichtigen Sie Veranstaltungsorte und entscheiden sich für einen.
- Sie beschließen, was es zu essen geben soll (Menu, Buffet, selbst Mitgebrachtes, …).
- Sie entscheiden, wie mit alkoholischen Getränken verfahren wird.
- Sie kalkulieren, wie hoch der Eintritt sein muss, damit Sie kostendeckend planen können.
- Sie verteilen die anfallenden Aufgaben.
- Sie richten ein Konto ein und legen einen Endtermin für die Bezahlung der Ballkarten fest.
- Sie geben eine schöne schriftliche Einladung mit den wichtigsten Fakten heraus: Wo? Wann? Kosten? Was ist inklusiv? Kleiderordnung, …

Planen wir einen Beispielball für ca. 300 Personen. Für einen Ball dieser Art sollte das Eintrittsgeld zwischen 25 und 30 € liegen.

Kosten ca.:	
Saalschmuck	300 €
Buffet	5.500 €
Begrüßungssekt	1.000 €
DJ	500 €
Blumensträuße	200 €
Eintrittsbändchen	50 €
Security	300 €
	7.850 €

Geld, das übrig bleibt, können Sie dem Schulverein oder einem caritativen Zweck spenden.

1. Gruppe: Saalschmuck, Sitzordnung, Essen, Getränke	
Sitzordnung:	Tischreservierung nur für Lehrer, alle anderen sollten frei wählen dürfen.
Saalschmuck:	Maximal drei Farben! Luftballons, Blumen, Tischwäsche, Kerzen – Farben abstimmen
Essen:	Buffet, mit Essen, das Jugendlichen schmeckt! Es sollte für 17 bis 20 € zu haben sein.
Getränke:	Alkoholische Getränke auf Bier und Wein beschränken (um Exzesse und die Folgen möglichst zu minimieren).

2. Gruppe: Security, Eintrittsbändchen, Teilnehmerlisten	
Security:	Zwei bis drei Security-Leute müssten ausreichen. Sie sollten für 100 € pro Person/Abend zu haben sein.
Aufgaben:	Eintrittsbändchen kaufen/bestellen, Teilnehmer (die bezahlt haben) bei Ankunft von der Liste streichen, Eintrittsbändchen am Handgelenk befestigen. Gäste beobachten, Fremden den Zutritt verwehren, Betrunkene betreuen/entfernen.

3. Gruppe: Programm, DJ, Blumen für Lehrer, Elternvertreter, …
Was soll laufen? Spiele? Tanzspiele? Reden? Auslobung verschiedener Titel (Ballkönigin, -könig, das heißeste Kleid, der coolste Tänzer, das schönste Paar).
Welche Musik soll der DJ (max. 500 €) auflegen?
Blumensträuße bestellen und die Lieferung kontrollieren.

4. Gruppe: Ordnungsdienst
Die Ordnungsgruppe teilt Personen ein, die während der Feier nach dem Rechten sehen, Papier aufheben, Glasbruch melden und wegräumen lassen, die WCs auf ausreichend Papier checken, …

Ganz wichtig, schon Monate vorher wird der modische Auftritt geplant. Damit das Ereignis in guter Erinnerung bleibt, sollte man versuchen, peinliche Auftritte zu vermeiden. Mütter kleiden sich bitte nicht zu offenherzig. Die Rocklänge kann kniebedeckt oder lang sein. Immer passend ist auch ein eleganter Hosenanzug. Die Abiturientin darf gern etwas wagen, auch wenn Sie als Eltern vielleicht Bedenken hegen. Es ist ihr Ball, lassen Sie ihr den Spaß eines großen Auftritts. Lediglich vor Korsagen möchte ich warnen. Es wirkt wenig elegant, wenn Frau vor lauter Unsicherheit, die Oberweite könnte sich selbstständig machen oder das Oberteil gen Süden rutschen, alle paar Minuten daran herumzerrt.

Die Kleiderordnung für Jungs ist viel einfacher. Ein dunkler Anzug, Hemd und Fliege oder Krawatte. Keine Sportschuhe!

Eltern sitzen gern mit anderen Eltern am Tisch. Die letzten gemeinsamen Gespräche, bevor manche einander nicht mehr wiedersehen. Machen Sie sich keine Gedanken über Zigaretten- oder Alkoholkonsum der Abiturienten. Heute nicht!

Die meisten Eltern haben ein Gespür für den richtigen Zeitpunkt, sich zurückzuziehen und den jungen Leuten das Feld zu überlassen. Diese Veranstaltung wird bis in den Morgen dauern. Oft geht sie noch woanders weiter. Lassen Sie los, vertrauen Sie darauf, dass Ihr Kind weiß, was es tut.

Am darauf folgenden Tag wird ausgeschlafen und dann geht sie los, die Zukunft …